The New Perspective on Paul

James D.G. Dunn

James D.G. Dunn
The New Perspective on Paul

초판1쇄 2018.09.25.
초판2쇄 2022.06.25.
지은이 제임스 D.G. 던
옮긴이 김선용
편 집 이영욱 이지혜
색 인 박이삭
발행인 이영욱

발행처 감은사
전 화 070-8614-2206
팩 스 050-7091-2206
주 소 서울시 강동구 암사동 아리수로 66, 401호
이메일 editor@gameun.co.kr

ISBN 9791196412524
정 가 15,000원

바울에 관한 새 관점

제임스 D. G. 던 지음

김선용 옮김

친구이자
φίλος,

동역자요 함께 군사가 된
συνεργός καὶ συστρατιωτής

주교
ἐπίσκοπος

톰 라이트에게
To *Tom Wright*

본서의 초기 원고, "The New Perspective on Paul"은 1982년 11월 4일 맨체스터대학교의 맨슨 기념 강좌에서 발표되었고, 1983년에 *Bulletin of the John Rylands University Library* 제65권 2호, 95-122쪽에 게재되었습니다.

이 논고는 다시 2005년 독일의 Mohr Siebeck에서 제임스 던 (James Dunn)의 "새 관점" 관련 논문들을 엮어 *The New Perspective on Paul: Collected Essays*라는 제하에 출간하면서 제2장에 수록되었습니다. 이 소논문이 본서 『바울에 관한 새 관점』의 저본입니다.

더불어 본서에 부록으로 첨부된 "추기"(던의 1983년 "바울에 관한 새 관점" 논고에 대한 유수한 학자들의 비평 및 이에 대한 던의 대답)는 1990년 SPCK에서 출간된 던의 *Jesus, Paul, and the Law* 제7장 206-14쪽에 수록되어 있던 것을 저작권사의 허락을 받아 번역한 것입니다.

참고로, 에클레시아북스에서 출판된 동저자 동제목의 저서는 *The New Perspective on Paul*(Mohr Siebeck, 2005)의 제1장 "The New Perspective on Paul: whence, what, whither?"을 번역한 것으로 감은사에서 출간하는 『바울에 관한 새 관점』과는 다른 역서라는 것을 알려드립니다.

(1) 한영병기 및 이해를 돕기 위한 역자의 첨언은 〔꺾인대괄호〕를 사용하였고, 옮긴이의 주는 〔꺾인대괄호〕에 "-역주"를 첨가하였습니다.

(2) 던은 "새 관점" 논문 및 추기에서 모두 justification by faith를 justificaion by faith in Christ와 구분하고, 전자를 유대 언약신학 안에서도 발견되는 것으로 간주합니다. 이는 본서의 독자들이 혼동할 수 있는 부분이기에 이러한 표현들이 나타나는 곳은 모두 한글과 영어를 병기 하였습니다.

(3) 본서에 몇 차례 나타나는 "옮겨감을 뜻하는 용어"(transfer terminology)는 샌더스의 표현입니다. 샌더스는 바울이 δικαιοῦσθαι 동사(특히 수동태로 쓰일 때)를 그 당시 유대교의 일반적인 용법과는 달리, "그리스도의 몸으로 들어감"의 의미로 사용했다고 주장합니다. 즉, 죄가 지배하는 영역에서 그리스도의 몸으로 옮겨감을 뜻한다고 보았습니다. 던은 본 논고에서 샌더스의 해석을 문제 삼지 않고 그대로 받아들이는 것처럼 보입니다(물론 나중에는 의견을 달리합니다).

(4) 던이 말하는 "의롭게 만드는"(make righteous)이라는 표현은 케제만의 그 유명한 "하나님의 의"에 대한 정의, 즉 "하나님의 의"를 salvific activity이자 *Macht*(힘)으로 보는 견해를 염두에 두고 있는 것으로 보입니다. 이에, "의롭게 만드는(make righteous) 주체는 하나님의 의(the righteousness of God)이다"(87)라는 표현에서 하나님의 의가 인격적인 주체와 같이 번역되더라도 무리가 없음을 일러드립니다.

(5) 갈라디아서 2:16에 대한 던의 대표적인 사역은 다음과 같습니다. "우리는 사람이 그리스도 예수에 대한 믿음을 배제한 율법의 행위들로써는 의롭다 여겨질 수 없음을 알기에, 우리 역시 그리스도 예수를 믿었다. 그것은 율법의 행위가 아니라 그리스도를 믿음으로써 의롭다 여겨지기 위해서이다. 어떤 육신도 율법의 행위를 통해 의롭다고 여겨질 수 없기 때문이다." 이때 대표적이라 함은, 던은 각각의 부분의 강조점에 따라 갈라디아서 2:16을 조금씩 다르게 표현하고 있기 때문입니다. 한글 번역 역시 던의 번역을 따라 다르게 번역하려고 하였습니다.

(6) 갈라디아서 2:16의 ἐὰν μή는 문자적으로 if not, 혹은 unless를 의미합니다. 이 절이 "율법의 행위들"을 수식하게 되면 "예수에 대한 믿음" 없이는 율법의 행위만으로 의롭게 되지 못한다"라는 번역, 즉 율법의 행위들과 예수에 대한 믿음을 상호 보완적인 것처럼 여기는 번역을 낳게 됩니다. 던은 이것을 초기 유대 기독교인들이 동의하는 명제로 보았습니다.

(7) 던은 갈라디아서 2:16의 ἐὰν μή를 보통 except라는 단어로 옮기고 있지만, 한글 번역에서는 이 except를 경우에 따라, "배제한/제외한" 내지는 "-없이"로 옮겼습니다.

바울이 편지를 통해 말하려 했던 바를 이해하기는 생각보다 쉽지 않습니다. 그렇기 때문에 여러 세대를 거쳐 수많은 신약학자들이 나름대로의 바울 해석을 제시했고, 몇몇 해석은 일군의 학자들의 동의를 얻어 학계의 지배적인 관점으로 부상했습니다. 그 중에서 지난 30여 년간 바울 학계를 가장 뜨겁게 달구었던 것이 "바울에 관한 새 관점"〔The New Perspective on Paul〕입니다. "바울에 관한 새 관점"은 이제 거의 고유명사처럼 쓰이고 있는데요, 사실 이 용어는 제임스 던〔James D.G. Dunn〕이 1982년 맨체스터 대학에서 발표했던 강연 제목에서 유래했습니다.[1] 던의 이 기념비적인 강연은 다음 해 학술지에 게재되었습니다.

독자 여러분의 손 위에 있는 이 책에는 "바울에 관한 새 관점"의 첫 신호탄이었던 제임스 던의 역사적인 소논문과, 그 이후 여러 학자들이 던진 비판에 대한 던의 응답이 실려 있습

---

1. 엄밀히 따지자면 제임스 던보다 톰 라이트가 "새 관점"이라는 표현을 먼저 사용했습니다. N. T. Wright, "The Paul of History and the Apostle of Faith," *TynBul* 29 (1978): 61-88. 라이트는 이 소논문에서 "a new perspective"라는 표현을 썼습니다.

니다. '거의 35년 전에 발표된 글을 굳이 이제 와서 번역할 필요가 있을까?' 하고 질문하는 분들이 있겠지요. 개인적으로 이런 질문을 받는다면, 저는 주저 없이 "네!"라고 대답할 것입니다. "바울에 관한 새 관점"이 제멋대로 해석되고 엉뚱하게 비판받는 상황을 자주 보았기 때문입니다. 이런 상황은 그리 낯설지 않습니다. 20세기 전반 신약학계를 호령했던 루돌프 불트만(Rudolf Bultmann)의 예를 들어보죠. 보수 신앙이 다수를 이루는 한국에서 불트만은 무조건 기피해야 할 인물로 간주되었습니다. 그런데 여기에서 진짜 문제는, 신학생들이 불트만의 저작을 직접 읽고 불트만을 비판한 것이 아니라 불트만을 비판한 다른 학자들의 글을 토대로, 혹은 자신들의 선생님들이 가르친 내용을 토대로 불트만을 비판했다는 것입니다. 바울에 대한 새 관점 역시 비슷한 형태로 소비되고 있습니다.

다행스럽게도 (물론 늦은 감이 없지 않지만!) 바울에 관한 새 관점을 제대로 이해할 수 있는 환경이 한국에도 조성되기 시작했습니다. 제임스 던 자신이 말한 대로 그의 "새 관점" 논문의 주요 스파링 파트너는 에드 패리쉬 샌더스(E.P. Sanders)였습니다. 마침 샌더스의 걸작 『바울과 팔레스타인 유대교』

가 출간 40주년을 맞아 한글로 번역되었습니다.[2] 이제 샌더스가 어떤 근거와 어떤 논리로 초기 유대교에 대한 우리의 이해를 완전히 바꾸어 놓았는지 우리말로 편하게 읽고 스스로 판단할 기회가 마련되었습니다. 제임스 던은 샌더스의 새로운 유대교 이해를 전적으로 수용하되, 샌더스의 바울 해석은 만족스럽지 않다고 판단하여 "바울에 대한 새 관점"을 주창하기에 이릅니다. 따라서, 본 책을 제대로 이해하기 위해 독자 여러분은 샌더스의 유대교에 대한 이해와 바울 이해를 숙지해야 합니다. 샌더스는 초기 유대교가 율법주의적 종교가 아니라 "은혜의 종교"였음을 매우 강력한 근거와 논증을 통해 보여 주었습니다. 그는 유대인들의 궁극적 믿음과 신념, 즉 유대교의 존립 근거를 "언약적 율법주의"라는 신조어를 통해 다음과 같이 표현했습니다.[3]

(1) 하나님이 〔이스라엘의 선행이나 행위에 상관없이 주도적으로〕 이스라엘을 선택하셨으며, (2) 율법을 주셨다. 율법은 (3) 이 선택을 유지하시겠다는 하나님의 약속과 (4) 순종해야 한다는 요구를 암시한다. (5) 하나님은 순종에 보상하시고 범죄를 처벌하신다.

---

2. E. P. Sanders, 『바울과 팔레스타인 유대교』, 박규태 역 (서울: 알맹e, 2018).
3. Sanders, 『바울과 팔레스타인 유대교』, 743 = *PPJ*, 442.

(6) 율법은 속죄 수단을 제공하며, 속죄는 결국 (7) 언약 관계 유지 혹은 언약 관계 재수립이라는 결과로 이어진다. (8) 순종과 속죄 그리고 하나님의 자비로 말미암아 언약 안에 남아있게 된 모든 이는 장차 구원받을 그룹에 속해 있다.

제임스 던은 위와 같은 샌더스의 "유대교에 대한 새 관점"에 동의하지만, 샌더스가 그린 바울의 모습에는 문제점이 있다고 지적합니다. 특히 던은 유대교가 은혜의 종교라는 주장이 사실이라면 도대체 무슨 이유로 바울이 "율법의 행위들"을 신랄하게 공격했는가 하는 질문에 집중을 합니다. 샌더스는 바울이 "율법의 행위들"을 비판한 이유가 유대교 자체에 어떤 문제가 있어서라기보다는, 유대교에는 예수 신앙이 없기 때문이라고 말합니다. 다시 말해, 율법의 준수가 사람을 그리스도의 몸에 참여하게 할 능력이 없는 것(샌더스는 "의롭게 되다"라는 표현을 "그리스도와의 연합"이라는 "이동을 나타내는 용어"(transfer terminology)로 해석합니다), 바로 그것이 문제라고 봅니다. 던은 이러한 샌더스가 그린 바울의 모습이 너무나 임의적이고 괴팍한 인물이라고 지적합니다—"유대교 언약신학의 영광과 위대함으로부터 자의적이고 비이성적인 태도로 등을 돌리고, 단지 유대교가 기독교가 아니라는 이유로 유대교를 저버린 유별나고 특이한(idiosyncratic) 바울"(본서, 35쪽). 던은 바울의 율법 비판이 유대 민족 우월주의, 혹은 언약에 대한 협소한 이해(혹은 오해)에 있다고 보고, 교회 공동체 내에서 유대인 신자와 이방인 신자를 구별 짓고 이방인 신자들이 유대 방식대로 살아야만 하나님의 백성에 들어갈 "full membership"을 얻을 수 있다고 강요한 것이 바울이 진단한 "율법의 행위들"이 지닌 문제라고 주장합니다.

자연과학이나 인문학이나 상관없이 통념을 깨뜨리고 신선한 연구의 장을 열어 놓았던 글들을 학자들은 seminal 한 연구라고 말합니다. 우리말로 옮기기 어려운 단어여서 영어 단어를 그대로 쓰겠습니다. 보통 seminal 한 연구에는 새롭고 놀라운 통찰이 들어있는데, 그러한 통찰이 대체로 완벽하게 다듬어진 주장으로 표현되기 보다는 약간 거칠고 난삽한 문장으로 표현되는 일이 잦습니다. 이제 막 길어올린 통찰이기 때문에 제대로, 완벽히 표현되기 어렵기 때문이죠. 그렇기 때문에, 새로운 장을 연 연구는 때때로 이해하기 어려운 부분들이 있고, 새로운 통찰에 대한 설익은 묘사와 설명들로 채워지기도 합니다. 제임스 던의 『바울에 관한 새 관점』역시 예외는 아닙니다. 이 소논문에서 제시한 던의 주장은 수많은 반응을 이끌어 냈고, 던 자신이 그러한 비판에 응답하면서 점차 자신의 논지를 더 다듬고, 미흡한 부분을 보완하고, 실수를 교정하면서 자신의 바울 이해를 계속 성숙시켰습니다. 예를 들어, 던은 초기에 "율법의 행위들"을 유대인을 이방인으로 부터 구별 짓는 할례, 음식규정, 안식일 준수를 가리키는 것으로 이해했으나, 이후 "율법의 행위들"을 총체적 의미의 율법 준수를 가리키는 표현이라고 자신의 견해를 수정합니다. 또한 "바울에 대한 새 관점"이 전통적/루터파적 해석과 반대되는 것이 아님을 1983년 논문이 발표된 뒤 상당한 시간이 흐른 다음에야 분명히 천명합니다. 또한 그는 "새 관점"을 처음 주창할 당시에는 최종 칭의에는 큰 관심이 없었다고 말합니다. 소위 피스티스 크리스투 논쟁 역시 새 관점 논의 초창기에는 관심의 대상이 아니었습니다. "바울에 대한 새 관점"을 완숙하게 표현한 던의 글이 에클레시아북스에서 출간되었으니 참조하시기 바랍니다.[4]

그렇다면, 왜 우리는 바울에 대한 던의 최근 연구가 아닌 최초의 연구를 읽어야 하는 걸까요? "바울에 대한 새 관점"이라는 학문적 흐름이 어떤 동기에서, 어떤 목적의식을 가지고 첫출발을 했는지를 고스란히 보여주며, 던이 새로운 통찰에 처음으로 다다르는 과정을 구경할 수 있기 때문입니다. 다시 말해, 제임스 던이 처음 가졌던 문제의식이 무엇이었는지, 그리고 그에 대한 답을 하기 위해 어떤 노력을 기울였는지, 즉,

---

4. James D. G. Duun, 『바울에 관한 새 관점』, 최현만 역 (평택: 에클레시아북스, 2012).

바울에 대한 새 관점의 탄생 동기와 새 관점이 하나의 중요한 바울 해석의 틀로 모습을 갖추어 나가는 경과를 우리는 이 소논문을 통해 볼 수 있습니다.

던의 논지의 흐름을 파악하기 위해서는 부연 설명이 필요합니다. 특히 유대 언약 신학과 바울의 신학 사이의 유사점과 차이점을 말하는 부분은, 사전 지식이 없으면 좀 따라가기 어렵습니다. 또한 갈라디아서 2장 16절 해석에 집중하고 있기 때문에, 곳곳에 굉장히 전문적인 논의가 들어가 있습니다. 역주와 편주를 통해 필요한 설명을 덧붙였으나, 원래 학자들을 대상으로 작성된 논문이기 때문에 여전히 이해하기 어려운 부분들이 있을 수 있습니다.

던의 결론에 동의하든 동의하지 않든, 이제 한국의 신약학자들과 신약학도들, 그리고 신약학에 관심 있는 성도들은 다른 학자의 책을 통해 굴절되거나 왜곡되게 표현된 "새 관점" 기술에 의존하지 않아도 됩니다. 얼마나 복된 기회가 온 것인지 아마 들을 수 있는 귀를 가진 사람만 들을 수 있을 것입니다!

2018년 8월
김선용

BAGD	Bauer, W., F. W. Danker, W. F. Arndt, and F. W. Gingrich, *Greek-English Lexicon of the New Testament and Other Early Christian Literature.* Chicago: University of Chicago Press, 1979.
Bib	*Biblica*
BJRL	*Bulletin of the John Rylands University Library of Manchester*
BZ	*Biblische Zeitschrift*
CBQ	*Catholic Biblical Quarterly*
Clem. *Hom.*	Clement, *Homilies*
FES	Finnish Exegetical Society
HTR	*Harvard Theological Review*
HNT	Handbuch zum Neuen Testament
JBL	*Jounal of Biblical Literature*
JSNT	*Journal of the Study of the New Testament*
JTS	*Journal of Theological Studies*
NTS	*New Testament Studies*
SBL	Society of Biblical Literature
SNTS	Studiorum Novi Testamenti Societas
SNTSMS	Society for New Testament Studies Monograph Series
Migr.	*De Migratione Abrahami*
Qu. Ex. II	*Quaestiones in Exodum* II

ITQ	Irish Theological Quartely
SEA	*Svensk exegetisk årsbok*
WBC	Word Biblical Commentary
WTJ	*Westminster Theological Journal*

바울에 관한 새 관점*

I.

나는, 다른 신약학자들과 이야기를 나누면서, 로마서 주석을 쓰고 있다고 말하곤 한다. 그러면 학자들은 대부분 놀라거나 심지어는 경악스러운 반응을 보이기도 한다. "또 다른 로마서 주석이라니! 제발 그만!" 이러한 반응의 함의는 다음과 같다. 이미 너무나 많은 로마서 주석이 존재하고, 워낙 자세하게 연구된 문서이기에 새롭고 참신한 말을 보태기가 매우 어려우며, 주석 집필 시 거의 대부분의 시간을 다른 학자들이 이미 연구한 바를 단순 반복하는데 쓸 수밖에 없기 때문이다. 로마서 주석을 써달라는 요청을 처음 받았을 때 나 역시도 이와 비슷한 반응을 보였었기에, 다른 학자들의 그러한 반응이 별로 놀랍지는 않다. 로마서에 관해 필요한 부분은 이미 모두 언급되었다고 생각했었고, 바울신학 해석은 동력을 거의 상

실했다고 보았으며, 정말 흥미롭고 도전할만한 신약학 분야
는 다른 곳에서 찾아야 한다고 생각했기에, 나는 로마서 주석
집필 요청을 받았을 때 다소 시큰둥했다.

새 주석을 쓸 때 오래된 진리와 과거 연구에서 비롯한 풍
성한 통찰, 그리고 이전 세대 주석가들의 언급을 되풀이해
서는 안 된다고 주장하려는 것이 아니다. 단지 새롭다고 해
서 그 자체로 가치가 있는 것은 아니기에 어떤 해석자나 주석
가도 새로움 그 자체만을 추구해서는 안 된다는 것이다. F.F.
브루스〔Bruce〕나 오토 쿠스〔Otto Kuss〕, 또는 하인리히 슐리어
〔Heinrich Schlier〕 같은 학자들이 딱히 내세울만한 혁명적인 새
로운 이론에 다다르지 못했다는 이유로 그들의 평생을 바친
바울 연구의 정수를 책으로 출판하길 거절했다면, 현재의 바
울 연구자들은 학문적으로 훨씬 빈곤한 상태에 놓였을 것이
다.[1] 지금 나는 바울 신학의 특정 부분에 대한 신선한 견해나

---

*   이 원고는 1982년 11월 4일 맨체스터 대학의 맨슨 기념 강좌〔The
     Manson Memorial Lecture〕에서 발표되었다. 그 뒤 일리노이에 소재한
     북침례교 신학대학원〔the Nothern Baptist Theological Seminary〕의 윌킨스
     강좌에서는 "바울을 바울되게 하라"〔Let Paul be Paul〕라는 제목을 달
     고 수정된 형태로 강연했다.

1.   F. F. Bruce, *Paul: Apostle of the Free Spirit* (Exeter, 1977); O. Kuss,
     *Paulus: die Rolle des Apostels in der theologischen Entwicklung der
     Urkirche* (Regensburg, 1971); H. Schlier, *Grundzüge einer paulin-
     ischen Theologie* (Freiburg/Basel/Wien, 1978).

바울서신 내의 특정 구절에 대한 활발한 논쟁이 그간 부족했
다는 말을 하려는 것도 아니다. 예를 들어, 최근 몇 년 만 보
아도 바울의 연대기 재구성에 관한, 논란의 여지가 있는 연구
가 몇 건 있었다.[2] 과거에 강조된 바, 바울 신학에 있어 바울
의 회심 사건이 지닌 중대함, 그리고 그의 가르침의 묵시론적
측면이 지닌 중요성이 상당한 결실을 맺으며 되살아났다.[3] 고
대 교회가 바울을 어떻게 생각했는지에 대한 도전적인 재평
가도 출간되었다.[4] 갈라디아서와 로마서 저작 시기 사이에 바
울의 생각이 어떻게 발전했는가에 대해 흥미로운 가설들이
새롭게 제시되었고,[5] 사회학에서 영감을 얻어 제기된 질문들
은 새롭고 중요한 통찰을 가져다주었다.[6] 바울의 편지들이 작

2. A. Sulh, *Paulus und seine Briefe: ein Beitrag zur paulinischen Chronologie* (Gütersloh, 1975); R. Jewett, *Dating Paul's Life* (London, 1979); G. Lüdemann, *Paulus, der Heidenapostel Band I: Studien zur Chronologie* (Göttingen, 1980).

3. S. Kim, *The Origin of Paul's Gospel* (Tübingen, 1981); J. C. Beker, *Paul the Apostle: the Triumph of God in Life and Thought* (Philadelphia, 1980).

4. A. Lindemann, *Paulus im ältesten Christentum* (Tübingen, 1979).

5. J. W. Drane, *Paul: Libertine or Legalist?* (London, 1975); H. Hübner, *Das Gesetz bei Paulus,* 2nd ed. (Göttingen, 1978, 1980).

6. 특별히 G. Theissen의 연구를 보라. G. Theissen, *Studien zur Soziologie des Urchristentums* (Tübingen, 1979). 이 책은 부분적으로 영역 되었다. *The Social Setting of Pauline Christianity* (Edinburgh, 1982).

성된 이유와 편지를 받은 각 교회의 상황에 대한 오래된 개론
적 질문도 여전히 열띤 논쟁을 촉발하고 있으며,[7] 고대 편지
에 대한 문학적 비평의 새로운 하위 분과 중 하나인 수사비평
이라는 중요한 접근법 역시 최근 새로운 장을 열었다고 할 수
있다.[8] 마지막 예로, 바울의 종교 체험, 교회론, 기독론에 대해
내가 쓴 글들을 들 수 있다(나의 연구를 나 자신이 언급한 것
에 대해 양해해 주시기를!).[9]

　그러나 (내 개인적인 견해로는) 위의 예들 중 어느 것도 바

7.　예를 들어, K. P. Donfried, ed., *The Romans Debate* (Minneapolis, 1977); R. McL. Wilson, "Gnosis in Corinth", *Paul and Paulism: Essay in Honour of C. K. Barrett*, M. D. Hooker; S. G. Wilson eds. (London, 1982), 102-14; G. Howard, *Paul: Crisis in Galatia* (Cambridge, 1979).

8.　특별히 다음의 연구를 보라. H. D. Betz, "The Literary Composition and Function of Paul's Letter to the Galatians," *NTS* 21 (1972-75), 353-79; H. D. Betz, *Galatians* (Hermeneia; Philadelphia, 1979); W. Wuellner, "Paul's Rhetoric of Argumentation in Romans", *CBQ* 38 (1976), 330-51. 이 Wuellener의 소논문은 *The Romans Debate* (각주 7 참조), 152-74에 재수록되었다; W. Wuellner, "Greek Rhetoric and Pauline Argumentation", *Early Christian Literature and the Classical Intellectual Tradition: in honorem R. M. Grant*, ed. W. R. Schoedel and R. L. Wilken (Paris, 1979), 177-88; R. Jewett, "Romans as an Ambassadorial Letter", *Interpretation* 36 (1982), 5-20.

9.　특별히 다음의 책을 언급하고 싶다. Dunn, *Jesus and the Spirit* (London, 1975); *Christology in the Making* (London, 1980).

울에 관한 새로운 관점〔a new perspective on Paul〕에 이르렀다고 자신 있게 말하기는 어렵다. 때로는 과거의 견해들이 흔들리면서 과거와는 다른 새로운 조각들이 떨어져 나오기도 했다. 어떤 경우에는 바울의 글과 사상의 특정 측면들이 이전보다 더 충실한 조명을 받았다. 과거의 연구 결론들이 의심을 받기도 했다. 물론 산만하고 설득력 없는 연구들도 있었다. 하지만 위에서 예로 든 연구들 중 그 어떤 것도 지난 수십 년간 바울의 사역과 생각을 해석해 온 "틀을 깨는" 데 성공하지 못했다. 내가 보기에 지난 십 년 혹은 이십 년 동안 출간된 연구들 중에 단 하나의 책만이 뜨거운 찬사를 받을 만하다. 캐나다에 있는 맥매스터대학의 E. P. 샌더스〔Sanders〕가 쓴 『바울과 팔레스타인 유대교』〔Paul and Palestinian Judaism〕가 바로 그 책이다.[10]

샌더스의 기본적인 주장은 학자들이 바울을 제대로 이해하지 못했다기보다는, 바울의 글로부터 당시 유대교의 모습을 그리려는 시도가 역사적으로 볼 때, 단순히 부분적으로 틀린

---

10. E. P. Sanders, *Paul and Palestinian Judaism: A Comparison of Patterns of Religion* (London, 1977). 〔이 역작은 최근 알맹e에서 우리말로 번역되어 출간되었다-역주〕. W. D. Davies, *Paul and Rabbinic Judaism*, 4th ed. (Philadelphia, 1981) 서문에서 샌더스의 저작을 평가한 부분을 참조하라: "어마어마한 학식과 꿰뚫어보는 통찰이 담겨있는 책이며 바울 학계의 큰 이정표로서 … 바울 해석에 크나큰 의미를 가져다 줄 잠재력을 지닌 책이다"(xxix-xxx).

정도가 아니라, 근본적으로 틀렸다는 것이다. 즉, 〔기독교에서〕
통상적으로 바울의 복음과 대치되는 것으로 간주하고 있는
유대교의 모습은 바울 당대의 유대교의 모습이 아니라는 말
이다. 샌더스는 유대인 학자들과 초기유대교 전문가들이, 자
신들이 이해한 유대교와 바울이 반대한 것처럼 보이는 유대
교를 대조하며, 〔기독교 학자들의〕 유대교 연구를 너무나도 오랫
동안 비판해왔다는 것에 주목하였다. 예를 들어, 솔로몬 쉑터
〔Solomon Schechter〕는 다음과 같이 말했다.

> 랍비들의 신학이 분명 틀렸거나, 이들의 하나님 이해가 미천하
> 거나, 랍비들의 신학의 주된 동기〔motives〕가 고상하지 않고 실
> 리적이거나, 유대교 선생들의 열의와 영성이 부족하거나, 그것
> 이 아니라면 이방인의 사도〔바울〕가 정말 이해하기 어려운 인물
> 이거나.

또 몇 줄 아래에서 제임스 파크스〔James Parkes〕는 이렇게 말
했다.

> … 정말 바울이 '랍비 유대교'를 공격했다면, 바울의 논증 대부
> 분은 적절하지 않고, 유대교를 부당하게 오용한 것이며, 공격

대상에 대한 바울 자신의 이해는 부정확했다고 말할 수 있다.[11]

그러나 신약학자들은 이러한 유대교 학자들의 비판에 거의 귀를 기울이지 않았다. 샌더스가 주목했듯이 지난 100년 동안 신약학자 대부분은 바울과 유대교, 특히 랍비 유대교와 바울의 복음이 근원적 대조를 이룬다고 주장해왔고, 이러한 대조를 "유대인이었다가 기독교인이 된" 바울을 이해하는 핵심 요소라고 보았다.[12]

여기에서 문제의 초점은 구원을 목표로 하는 종교로서의 유대교의 특질(character)에 맞춰져 있었다. 랍비 유대교 전문가들이 보기에 하나님의 선하심과 자비로우심, 회개를 독려하심과 용서 받을 방도를 주셨다는 사실에 대한 랍비 유대교의 강조는 명백하다. 이와는 달리 바울은 유대교를 차갑고 계산적인 율법주의적 종교이자 '행위'를 통한 의('work' righteous-

---

11. Sanders, *Paul and Palestinian Judaism*, 6. 1-12쪽에 있는 "신약학에서 바울과 유대교"라는 제목의 자세한 연구사 요약을 보라.

12. Sanders는 유대교에 대한 이 같은 극히 부정적 평가가 대세가 된 연유를 F. Weber, *System der altsynagogalen palästinischen Theologie aus Targum, Midrasch und Talmud* (1880; revised as *Jüdische Theologie auf Grund des Talmud und verwandter Schriften* [Leipzig, 1897])에까지 거슬러 올라가 찾는다. "랍비 종교를 율법주의적인 행위를 통해 의로움을 얻는 종교로 보는 견해의 지속"에 대한 샌더스의 글을 보라(Sanders, *Paul and Palestian Judaism*, 33-59).

ness), 즉 선한 행위라는 공로로 구원을 얻을 수 있는 체계(system)로 묘사하는 것처럼 보인다. 다른 각도에서 보자면, 바울을 이신칭의라는 종교개혁의 핵심 교리의 위대한 주창자로 이해하는 것이 문제이다. 이십여 년 전 크리스터 스텐달(Krister Ststendahl)이 경고했듯이, 바울을 양심의 괴로움에서 탈피하여 안식을 찾기 위해 고투했던 루터와 같은 인물로 이해하는 것은 이상하다 싶을 정도로 쉽다.[13] 이신칭의에 대한 바울의 가르침이 루터의 내적인 고투에 그대로 적용될 수 있는 것처럼 보였기 때문에, 바울의 적대자들을 루터에 반대했던 가톨릭 교회와 같은 무리들로 보는 것은, 16세기 초 가톨릭의 공로주의라는 '틀'(grid)로 1세기 유대교를 이해하려 했던 시도와 더불어 자연스러운 귀결이었다. 괄목할 정도로, 아니 사실 걱정스러울 정도로 20세기 내내 있었던 (바울이 거부했던) 유대교에 대한 표준적인 묘사는 루터파의 해석을 그대로 닮았다.

---

13. K. Stendahl, "The Apostle Paul and the Introspective Conscience of the West," *HTR* 56 (1963), 199-215. 이 소논문은 *Paul Among Jews and Gentiles* (London, 1977), 78-96에 재수록되었다. 또한 이 분야에 대한 W. D. Davies의 최근 저작들을 보라. W. D. Davies, "Paul and the People of Israel," *NTS* 24 (1977-78), 4-39; W. D. Davies, *Paul and Rabbinic Judaism*, xxvii-xxviii; W. D. Davies, "Paul and the Law: Reflection on Pitfalls in Interpretation", *Paul and Paulinism* (위의 각주 7번을 보라), 4-16.

신약학에서 이러한 문제가 얼마나 심각했는지를 보기 위해서는 지난 두 세대 동안 가장 영향력있던 신약학자인 루돌프 불트만(Rudolf Bultmann)과 에른스트 케제만(Ernst Käsemann)을 보면 알 수 있다. 이 두 학자 모두 루터적 관점으로 바울을 읽었으며 둘 다 위와 같은 이신칭의 이해를 그들의 핵심적인 신학적 원리로 삼았다.[14] 바울 신학 및 바울과 율법이라는 주제를 본격적으로 다룬 가장 최근의 연구 역시 여전히 선행으로 의로움을 얻는 수단으로 율법을 왜곡되게 사용하려는 시도들을 거부했던 사람으로 바울을 이해한다.[15]

그러나 샌더스는 바울이 살던 시대의 팔레스타인 유대교를 다르게 기술했다. 그 당시에 쓰인 대부분의 유대문헌들을 망라한 대대적인 연구는 상당히 다른 모습의 유대교를 그려냈다. 특히 샌더스는 충분한 증거를 바탕으로 이스라엘과 하나님의 언약적 관계가 1세기 유대인들의 민족적 정체성과 그들의 종교의 출발점이자 토대였음을 보여주었다. 이제 우리

14. 예를 들어, R. Bultmann, *Jesus Christ and Mythology* (London, 1960): "비신화화는 이신칭의 교리를 지식과 사고의 영역에 급진적으로 적용시키는 것이다"(84); E. Käsemann, *Das Neue Testament als Kanon* (Göttingen, 1970): "불경한 이를 의롭게 하심은 … 정경 안의 정경으로 간주되어야 한다"(405).

15. H. Hübner, *Das Gesetz bei Paulus,* 2nd ed. (Göttingen, 1978, 1980). 각주 5번을 보라.

는 1세기 유대교의 근본적인 공리(axiom), 곧 하나님 한 분께
서 이스라엘을 당신의 특별한 백성으로 선택하시고 자신의
통치 하에 특별한 관계를 누리시려 했다는 것을 말할 수 있
다. 율법은 언약으로 세워진 관계를 유지하고 (언약 안에서의 삶
을) 규율 짓는, 이 언약의 표현으로 주어졌다. 따라서 의로움
(righteousness)이란 개념 역시 율법에 부합하게 행동하며 이 언
약적 관계에 적합한 행위를 가리키는, 관계적인 측면에서 이
해되어야 한다. 다시 말해, 유대교에서 율법 순종은 언약에 들
어가는(entering) 수단, 혹은 하나님과의 특별한 관계를 얻는 데
(attaining) 필요한 수단이 아니다. 율법에 대한 순종은 하나님
과의 언약을 유지하는(maintaining) 것과 관련된 사안이다. 이러
한 관찰로부터 샌더스는 1세기 팔레스타인 유대교를 특징짓
는 핵심적 표현―"언약적 율법주의"(covenantal nomism)―을 끌
어내었다. 그는 언약적 율법주의를 다음과 같이 정의한다.

　　언약적 율법주의란 하나님의 계획 안에서 인간의 위치가 언약
　　이라는 근거 위에 정립되었고, 언약은 적절한 응답으로서 계명
　　에 순종할 것을 인간에게 요구하는 한편, 범법행위를 속죄할
　　수단을 제공한다는 견해이다. … 순종은 언약 안에서 인간의 위치
　　를 유지시키지만, 순종으로 하나님의 은혜를 얻는 것은 아니다. …
　　유대교에서 의로움이란 하나님에 의해 선택된 집단 안에서의

지위 유지〔maintenance of status〕를 의미하는 용어이다.[16]

20세기에 다양한 학자들에 의해 복원된 바울 신학의 배경〔초기유대교〕이 자비로운 하나님을 찾으려 했던 루터의 견해에 의하여 결정되었다는 것을 보여줌으로써 그 틀에 금이 가게 한 것이 스텐달이라면, 샌더스는 바울 신학의 배경으로서 학자들이 "복원"한 유대교의 모습이 1세기 유대문헌에 나타난 유대교와 얼마나 다른지를 보여줌으로써 그 틀을 완전히 부수었다. 우리는 정도의 차이에 상관없이 바울을 현대화시킨 죄를 지은 셈이다. 그러나 이제 샌더스는 바울을 새롭게 바라볼 수 있는 최상의 기회, 곧 우리의 관점을 16세기가 아닌 1세기로 옮길 최상의 기회를 우리에게 주었다. 말하자면, 모든

---

16. Sanders, *Paul and Palestinian Judaism*, 75, 429, 544. J. Neusner는 Sanders의 방법론을 신랄하게 비판했음에도 불구하고 "언약적 율법주의"로 표현된 Sanders의 유대교 이해는 적실하다〔valid〕고 받아 들였다는 사실은 주목할 가치가 있다. 랍비들의 토론은 언약을 미리 전제〔presupposed〕한 상태에서 "어떻게 언약적 의무들을 성취할 수 있을까, 라는 질문에 대체로 관심을 쏟는다"는 주장은 Neusner가 보기에 "전적으로 견실하며 … 자명한 명제이다." "Sanders가 모든 종류의 고대 유대교에 언약적 율법주의, 선택〔election〕, 속죄〔atonement〕, 그리고 그와 같은 것들의 중요성을 보여주려는 시도를 했다는 한, 그의 연구는 완전 성공했다고 공표되어야 한다"("Comparing Judaisms", *History of Religions* 18 [1978-79], 177-91. 인용문은 177, 180쪽).

학자가 바라는 것, 즉 바울을 바울 당대의 배경에서 제대로 보고 당대의 맥락에서 그의 목소리를 듣는 것을 가능하게 해 주었다. 바울이 정말 바울이 될 수 있도록 말이다(to let Paul be himself).

하지만 가장 놀라운 점은 샌더스의 책이 〔초기유대교에 관한〕 기존의 틀을 파괴한 연구임에도 불구하고, 그 연구가 제공한 〔바울에 관한 새 관점을 얻을〕 기회를 잡는 데 실패했다는 것이다. 샌더스는, 유대교의 "언약적 율법주의"와의 관계 속에서 바울의 신학이 어느 정도까지 (새롭게) 설명될 수 있는지를 탐구하는 대신, 바울의 종교적 사고의 패턴과 1세기 유대교의 패턴 사이의 차이점에 더 깊은 인상을 받고 그 차이점에 집중했다. 내가 보기에 샌더스는 너무 성급하게 바울의 종교가 당대 유대인들의 종교와 근본적으로 다른 체계(system)로서만 이해될 수 있다고 결론 내렸다. 기독교에는 유대교에서의 의로움(righteousness)과 매우 다른 형태의 의로움이 있다는 것이다. 기독교에서의 의로움은 그리스도에 대한 믿음(faith in Christ)을 통한 것으로서, "율법으로부터"(from the law)가 아니라 "하나님으로부터"(from God) 온다(빌 3:9). 샌더스는, 인간이 율법을 지켜서는(following the law) "그리스도 안에" 있을 수 없다는 단순한 이유로, 바울이 율법을 거부했다고 주장했다. 그리스도께서는 율법의 마침이셨다(롬 10:4). 이러한 "체계 전체"의 변화는 바울로 하여금 언약을 주실 때에 나타나는 하나님의 은혜나 회개에 대해 언급할 필요를 느끼지 못하게 했다.[17]

그러나 이와 같은 샌더스의 바울 이해는 자신이 반대했던 바울 이해와 비교해 볼 때에 나은 점이 별로 없다. 이스라엘 선조들의 신앙에 대한 바울의 태도에는 여전히 상당히 이상한 점들이 남아있다. 유대교 언약신학의 영광과 위대함으로부터 자의적이고 비이성적인 태도로 등을 돌리고, 단지 유대교가 기독교가 아니라는 이유로 유대교를 저버린 유별나고 특이한〔idiosyncratic〕바울이 루터적 바울을 대체했을 뿐이다. 물론 바울은 다메섹 도상에서 부활하신 예수를 만나 크게 놀랐기에, 이러한 경험으로 인해 자신이 그동안 소중하게 간직해온 이전 믿음에 대해 비뚤어지고 온당치 않은 편견을 가지게 된 것일 수도 있다. 그렇지만, 바울 외에도 많은 유대인들이 기독교의 믿음을 갖게 되었지만, 수많은 유대 그리스도인들에게서 바울과 같이 분명하게 한 "〔종교〕체계"에서 다른 "〔종교〕체계"로 자의적으로 건너 뛴 경우는 찾아보기 어렵다.

샌더스를 비판하는 학자들 또한, 정도의 차이는 있으나, 샌더스의 연구가 열어 놓은 〔유대교에 대한〕 새로운 관점을 활용

17. 특히, Sanders, *Paul and Palestinian Judaism*, 550-52를 보라.

하는 데 실패했다. 이는 그들이 샌더스의 주요 논지에 동의를
하지 않았기 때문이거나, 〔유대교에 대한〕 새로운 관점을 가지고
바울을 어떻게 이해해야 할지 몰랐기 때문이다. 예를 들어,
한스 휘브너〔Hans Hübner〕는 고전적인 종교개혁적 범주들 안에
서 계속 연구를 진행하면서, "율법주의적 행위를 통한 의로
움"〔legalistic works-righteousness〕에 대한 바울의 비판이 바울 신
학의 핵심임을 보지 못했다고 샌더스를 비판했다.[18] 다른 한
편으로 헤이키 레이재넨〔Heikki Räisänen〕은 바울에 대한 샌더
스의 혹평, 즉 바울이 당대 유대교를 제대로 기술하지 않았거
나〔misrepresent〕 왜곡했다는 평가를 받아들였다. 레이재넨에 따
르면, 바울은 언약에서 율법을 분리시켰고 이방인들의 입장
을 수용했다. 말하자면, 수년에 걸쳐 "내면에서, 율법의 제의
적 측면으로부터 거리를 두게 된" 바울은 "자신의 적인 유대
그리스도인의 언약신학을 율법의 행위를 통한 구원"이라고
낙인찍었고, 그렇게 함으로써 유대 그리스도인들의 율법관과
는 다른 율법의 역할을 주장했다는 것이다.[19] 모나 후커〔Morna
Hooker〕도 샌더스의 팔레스타인 유대교 연구를 통해 드러난

---

18. H. Hübner, "Pauli Theologiae Proprium", *NTS* 26 (1979-80), 445-73.

19. H. Räisänen, "Legalism and Salvation by the Law", in *Die Paulin-
    ische Literatur und Theologie*, hrsg. S. Pedersen (Göttingen, 1980),
    63-83.

"종교 패턴"이 흔히들 생각하는 바울의 종교와 놀라울 정도로 유사성이 있다는 샌더스 자신의 이상한 결론〔샌더스는 자신이 유대교와 바울의 기독교를 완전히 다른 체계로 보았기에, 이 결론은 이상하게 보인다-역주〕을 지적했으나, 바울이 왜 스스로 유대교로부터 거리를 두어야 할 필요를 느꼈는지에 대해 후커가 제시한 설명은 샌더스보다 별반 나을 것이 없었다.[20]

  샌더스는 『바울, 율법, 유대인』〔*Paul, the Law and the Jewish People*, 감은사/알맹e, 2021〕이라는 책에서 이 주제로 다시 돌아왔다. 그는 친절하게도 아직 출간되지 않은 이 책의 원고를 내게 보여주었다. 이 책에서 그는 『바울과 팔레스타인 유대교』의 주된 내용인 언약에 "들어감과 머무름"〔getting in and staying in〕이라는 협소한 질문에서 벗어나 바울을 바라보는 관점을 넓히면서 자신의 견해를 좀 더 자세하게 재진술했다. 샌더스가 바울에 대한 보다 충실한 연구를 통해 그려낸 유대교의 모습은 유대문헌 속에 나타난 유대교의 모습과 일치한다. 바울이 비판한 대상은, 율법을 받아들이고 율법에 따라 사는 삶이 하나님으로부터 받은 특별한 지위를 나타내는 표식〔sign〕이자 조건〔condition〕이라 믿는 언약적 율법주의이다. 선민〔elect〕에 속하기 위해 율법을 받아들여야 한다는 견해는 결코 하나님이

---

20. M. Hooker, "Paul and Covenantal Nomism", *Paul and Paulinism* (위의 각주 7번), 47-56.

의도하신 바가 아니라고 바울이 주장했다는 것이다. "유대교
에 대한 바울의 공격은 〔유대교의〕 언약 개념을 향한 것이다.
… 율법의 문제점, 나아가 유대교의 문제점은 그리스도에 대
한 믿음을 통해 온 세상을 구원하시려는 하나님의 궁극적 목
표를 실현시키지 못하는 데 있다."[21] 그러나 샌더스는 여전히
바울과 율법과의 절연을 주장하며, 여전히 바울을 한 〔종교〕체
계에서 다른 〔종교〕체계로 마음대로 건너뛰었다고 보고, 매우
날카로운 흑백논리를 통해 "그리스도에 대한 믿음"을 유대
적 유산과 정반대인 것으로 제시했다. 샌더스가 보기에, (롬
9:4-6과 같이) 바울이 종종 유대인의 특권을 옹호하는 모습
은 자의적〔arbitrary〕이고도 당혹스러우며, 바울이 율법을 다루
고 하나님의 목적 가운데 율법이 차지하는 위치를 논의할 때,
바울 자신이 제시한 논증은 비논리적이며 일관성이 결여되어
있었다. 결국 샌더스의 논지를 따라가다 보면, 우리는 예수를
중심으로 하는 새로운 운동〔new movement〕과 이스라엘 종교 사
이의 급작스러운 불연속성에 다다른다. 이러한 샌더스의 입
장은 특히 로마서 11장의 올리브 나무 알레고리를 이해하기
어렵게 만든다.[22]

---

21. Sanders, *Paul, the Law and the Jewish People*, 47.

22. 다음의 연구와 비교하라. H. Räisänen, "Paul's Theological Diffi-
culties with the Law", *Studia Biblica* 3 (1978), ed. E. A. Livingstone

나는 샌더스의 바울 이해가 루터파적 바울 이해에 비해 그
다지 설득력이 높지 않다고 (게다가 훨씬 덜 매력적이라고)
고백할 수밖에 없다. 내가 보기에 샌더스 자신이 제공한, 우
리에게 너무나 도움이 된, 1세기 팔레스타인 유대교를 바라보
는 새로운 관점으로부터 제대로 된 바울 해석을 얻었다고 확
신하기 어렵다. 그와는 반대로, 나는 (여기에서 내가 제시하
는) 바울에 관한 새 관점이 샌더스나 그를 비판하는 학자들이
내놓은 해석보다 바울을 더 제대로 이해할 수 있다고 믿는다.
그리고, 괜찮다면, 이 관점〔바울에 관한 새 관점〕을 기반으로 성
경 본문을 주해하면서 바울 신학을 기술하고자 한다.

II.

바울서신 중 특별히 한 구절을 골라 그 구절을 가능한 한
제대로 역사적 배경 안에 위치시켜 내 논지를 펼쳐 보이려 한
다. 그 구절은 바로 갈라디아서 2:16이다. 갈라디아서 2:16은
우리가 갖게 된 새 관점을 통해 바울을 신선하게 바라보려는

(JSNT, Supp.3: Sheffield, 1989), 301-20.

시도를 하기에 가장 적합한 구절이다. 이 구절은 (아마도) 바울이 쓴 여러 편지 중에서 이신칭의(justification by faith)라는 바울의 주요 주제가 처음으로 천명된 곳이다. 정확히 말해, 이신칭의라는 견해가 체계적으로 표현된 방식을 살펴보면, 이신칭의라는 주제 자체만 아니라 바울이 왜 이 주제를 그토록 중요하게 여겼는지에 대해 많은 정보를 얻을 수 있을 것이다. 칭의에 대한 바울의 최초 언급이, 예루살렘과 안디옥에서 온 유대 그리스도인들의 견해에 대항하여, 칭의에 대한 바울 자신의 이해를 확립하고 옹호하려는 시도로부터 자라난 것으로 보인다는 사실, 그리고 이신칭의라는 가르침이 바울이 전한 복음의 핵심적 표현을 형성했고, 그 바탕 위에 갈라디아인들에게 처음 전했던 그대로의 복음을 굳건히 붙잡으라는 바울의 호소가 자리 잡고 있다는 사실, 바로 이러한 사실들로 인해 우리는 희망을 가지고 해석 작업을 시작할 수 있다.

이 중요한 성경 구절(갈 2:16)이 등장하기 바로 전의 맥락을 보다 자세히 조망하는 것이 도움이 될 것 같다. 바울은 이전에 안디옥에서 일어난 불쾌한 사건을 회상하고 있다. 안디옥에서는 예수가 하나님이 기름 부으신 분이며, 하나님의 백성의 지도자들로부터 배척당하셨으나 하나님이 죽은 자 가운데서 일으키신 분이라고 믿는 유대 그리스도인 그룹에 이방 그리스도인들도 온전히 받아들여졌었다. 예루살렘에서 지도

적 위치에 있는 사도들은 이방인들이 〔자신들과 같은〕 동료 신
자가 되기 위해 할례를 받을 필요가 없다는 데 이미 동의했
다(갈 2:1-10). 안디옥에서는 예수 그리스도에 대한 믿음으로
세례를 받은 유대인과 이방인들이 공동으로 식사하는 관습
이 있었다. 그런데 예루살렘에 있는 야고보로부터 "어떤 사람
들"(갈 2:11)이 안디옥에 왔다. 이들은 안디옥 교회의 유대 그
리스도인들이 음식에 대한 모세 율법(정결한 음식과 부정한
음식에 대한 율법, 고기를 얻기 위한 짐승의 도살에 대한 율
법 및 아마도 십일조에 대한 다양한 규율과 더욱 신실한 유
대인들 사이에서 만연했던 제의적 정결과 우상에 바쳐진 음
식을 피하는 규율)을 무시하는 것을 보고 받아들여질 수 없
는 행위라고 여겼다. 야고보로부터 온 사람들이 무슨 말을 했
든, 어떻게 행동을 했든, 그들은 영향력을 발휘했다. 베드로는
물론, 심지어 바나바를 포함한 다른 모든 유대 기독교인들은
이방인들과의 식탁 교제에서 물러났다. 이와 같은 행동은 아
마도 선조들의 신앙에 대한 지속적인 충성을 보여주기 위해,
즉 예수에 대한 믿음이 유대인 출신 그리스도인들을 덜 신실
한 유대인으로 만들지 않는다는 것을 보여주기 위한 목적으
로 행하여졌을 것이다(갈 2:12-13). 그러나 바울은 베드로에
게 대항하며, 베드로가 복음의 바른 길을 따르지 않고 위선을
행한다고 비난했다. 신자들의 공동체 전체 앞에서 바울은 베

드로에게 다음과 같이 말했다. "유대인인 당신은, 유대인처럼 살지 않고 이방인처럼 살면서, 어떻게 이방인들에게 유대인 풍습대로 살라고 강요할 수 있습니까?" 유대인 풍습대로 산 다(Judaize)는 말은 신실한 유대인들이 율법에서 비롯한 음식법이나 식사 규례 등을 준수하는 것을 지칭한다.[23] 바울은 아마도 안디옥에서 베드로에게 직접했던 말을 그대로 반복하는 대신, 안디옥 사건 때 자신이 발전시키려 노력했던 논증을 넌지시 제시하고 있다.[24] "이방인 죄인들과는 달리, 태어나면서 유대인인 우리는 사람이 그리스도 예수에 대한 믿음을 배제한 율법의 행위들로써는 의롭다 여겨질 수 없음을 알기에, 우리 역시 그리스도 예수를 믿었다. 그것은 율법의 행위가 아니라 그리스도를 믿음으로써 의롭다 여겨지기 위해서이다. 어떤 육신도 율법의 행위를 통해 의롭다고 여겨질 수 없기 때문이다"(갈 2:15-16). 이때 마지막 절은 시편 143:2를 반향하고 있다.

여기에서 바울이 논증하고자 하는 바는 정확히 무엇일까? 그의 동료 유대 그리스도인들이 파악하고 인정했을 법한 바울 논지의 뉘앙스와 함축된 의미는 무엇이었을까? 이를 주의

---

23. J. D. G. Dunn, "The Incident at Antioch (Gal. 2.11-18)", *JSNT* 18 (1983), 3-57을 보라.

24. Dunn, "The Incident at Antioch", 54 n.116.

깊게 분석한다면 유익한 결과들을 산출할 수 있을 것이다.

(1) 첫째, 그렇다면 바울은 갑자기 반복되어 나타나는 "의롭다고 여겨짐"〔being justified〕이라는 표현이 어떤 의미로 이해되기를 바랐을까?—"사람이 율법의 행위들로 의롭다 여겨지지 않음을 아는데 … 이는 우리가 그리스도를 믿음으로 의롭다고 간주되기 위해서다. 율법의 행위들로는 어떤 육신도 의롭다 여겨질 수 없다." 여기에서 바울이 말하는 형식, 즉, "유대인인 우리는 … 안다"라는 표현은 그가 유대인 출신 그리스도인들도 받아들이고 있는 견해에 호소하고 있음을 보여준다.[25] 사실 이미 보았듯이, 바울은 이 지점에서 안디옥에서 베드로에게 했던 말을 (실제 그대로 되풀이 하는 것은 아니더라도) 여전히 다시 상기시키고 있는 것 같다. 그뿐 아니라, 바

---

25. 바울이 εἰδότες δέ를 썼다고 보기 어렵다. (1) δέ는 p⁴⁶와 다른 주요 사본에서 생략되었다. 아마도 바울 사고의 흐름을 오해한 어떤 필사가가 역접을 나타내는 불변사〔particle〕를 더하는 것이 맞을 것 같다고 생각해 삽입한 것 같다. (2) 만약 바울이 반대의 의미를 표현하고 싶었다면 아마도 ἡμεῖς ἐσμέν φύσει Ἰουδαῖοι οἴδαμεν δέ … 라고 썼을 가능성이 높다(롬 6:9과 고후 4:14을 롬 8:28과 대조해보라). 실상 바울은 "우리 본래적〔by nature〕 유대인들은 … 다음의 내용을 알기에 …"라고 썼다. (H. Schlier, *Galater*, 4th ed. [Göttingen, 1965], 89와 비교하라). 바울이 일관성있게 문장을 구성하지 못했다 하더라고 그게 바울에게 있어 드문 일은 아니다. (3) ἐὰν μή는 16절 상반절이 유대 그리스도인들의 이신칭의 이해를 표현하려는 의도를 지녔다는 점을 확인시켜준다. (본서 59-61쪽을 보라).

울의 언어 선택을 보면 그가 실제로 유대적 감수성, 아니 유
대인들의 편견에 호소—"이방 죄인들이 아닌, 태어나면서부
터 유대인인 우리는"—하고 있음을 보여준다. 따라서 "의롭다
고 여겨짐"〔being justified〕에 대한 이 같은 이해는 분명 유대적
인 것, "본성상" 유대인인 사람들에게 속한 것, 말하자면 그들
을 "이방 죄인들"로부터 분리시키는 것과 연관된다.[26] 이것은
언약을 나타내는 표현, 즉 하나님께서 선택하신 백성이자 주
변 족속들로부터 구별되었다고 믿는 사람들의 표현이다. 게
다가 언약 백성으로부터 분리된 사람들은 이방인이라고 불렸
을 뿐만 아니라 "죄인들"이라고 불렸다. 여기서에도 역시 우
리가 볼 수 있는 것은 이스라엘의 선민의식에서 나온 표현이
다. 이방인들은 하나님이 이스라엘에게 주신 율법을 모르거
나 준수하지 않기 때문에 "죄인들"이다.[27] 따라서 바울은 "의

---

26. Clem. *Hom.* 11.16: "유대인은 하나님을 믿고 율법을 지킨다 … 그
    러나 율법을 지키지 않는 자는 분명 하나님에 대한 불신앙을 통
    해 유대 민족이길 포기한 사람이다. 따라서 그는 유대인이 아니
    라 죄인이다." 다음 연구와 비교하라. K. Kertelge, "Zur Deutung
    des Rechtfertigungsbegriffs im Galaterbrief", *BZ* 12 (1968), 213; U.
    Wilckens, "Was heist bei Paulus: 'Aus Werken des Gezetzes wird
    kein Mensch gerecht'?", (1969), *Rechtfertigung als Freiheit: Paulus-
    studien* (Neukirchen, 1974), 87-88; F. Mussner, *Galaterbrief,* 3rd ed.
    (Freiburg/Basel/Wien, 1977), 167-69.

27. Dunn, "Incident at Antioch" (위의 각주 23번), §4. Ic (27-28).

롭다고 여겨짐"에 대해 처음으로 언급하기 바로 전, 유대 그리스도인들이 견지했던 근본적인 유대 신념—유대인은 하나님의 언약 백성이다—에 의도적으로 호소한다. 따라서 바울의 "의"〔righteousness〕개념 역시, 명사와 동사(의롭게 만들어지다〔to be made righteous〕, 의롭다고 여겨지다〔to be counted righteous〕, 의롭게 되다〔to be justified〕)에서 모두, 강력한 언약적 함의를 지닌, 철저히 유대적인 개념이라는 것은 거의 확실하다—이러한 식의 의 개념은 특히 시편이나 제2이사야에서 볼 수 있는데, 여기에서 하나님의 의는 정확히 하나님의 언약적 신실하심〔God's covenantal faithfulness〕, 곧 자신의 백성 이스라엘에 대한 사랑 및 구원의 능력을 의미한다.[28] 하나님의 칭의〔God's justification〕는 이스라엘을 자신의 백성으로 인정하시는 것이며, 이스라엘과 맺은 언약에 근거하여 하나님께서 이스라엘에게 호의적인 판결을 내리심을 의미한다.

이로부터 사안을 명료하게 해주는 두 가지 귀결이 즉각 뒤따른다.

(a) "의롭다고 여겨짐"〔being justified〕에 대해 말할 때, 바울은 하나님의 독특한 주도적〔initiatory〕행동을 생각한 것이 아니

---

28. 특히 다음의 연구를 보라. S. K. Williams, "The 'Righteousness of God' in Romans", *JBL* 99 (1980), 260-61. 사해문서의 출처들에 대해서는 Mussner, *Galaterbrief*, 169-70를 보라.

다. 하나님의 칭의란 이스라엘과 언약을 처음 맺는〔making〕 그
분의 행동이 아니고, 하나님께서 누군가를 처음으로 언약 백
성으로 받아들이는 행동도 아니다. 하나님의 칭의란, 누군가
가 언약에 있다는 것을 하나님께서 인정〔acknowledgement〕—그
것이 최초의〔initial〕 인정을 뜻하는지, 또는 되풀이 되는〔repeat-
ed〕 하나님의 행위(하나님의 구원 행동들)를 뜻하는지, 또는
그분 백성을 최종적〔final〕으로 옳다고 하심〔vindication〕을 뜻하
는지를 불문하고—하시는 것이다. 따라서 갈라디아서 2:16
에 나타난 칭의에 대한 두 번째 언급이 미래적 함의("우리
가 의롭다 여겨지기 위하여 그리스도 예수를 믿는다")를 가
진다는 사실과 세 번째 언급에서 미래적 시제가 사용되었다
는 것("어떤 육신도 율법의 행위들로 의롭다 여겨질 수 없다"
〔by works of the law no flesh shall be justified〕)은 그다지 놀랍지 않다.
갈라디아서 5:5 또한 언급하고자 한다. 갈라디아서 5:5에서
바울은 "의로움의 희망〔의롭게 될 것〕을 기다림"에 대해 말한
다. 그러므로 바울에게 있어 "의롭다고 여겨짐"〔being justified〕
은 단순히 (하나님의 백성으로) 들어감〔entry〕, 혹은 입문 공식
〔initiatory formula〕으로 간주될 수 없다.[29] 또한 바울의 용법와 전
형적인 유대적 언약 용법 사이를 칼같이 구분할 수 없다. 이

---

29. 샌더스는 "의롭게 됨"〔to be righteoused〕이 바울에게서는 "이동을 뜻
    하는 용어"〔transfer terminology〕라고 계속해서 강조한다.

미 우리가 보았듯이, 바울은 샌더스의 주장보다 훨씬 덜 괴팍하고 덜 자의적인 인물이다.

(b) 아마도 더욱 놀라운 점은 점차 드러나기 시작한 사실, 즉 "칭의는 믿음에 의한 것"임을 단언하는 데 있어 바울과 그의 동료 유대인들이 완전 일치한다는 사실이다. 다시 말해, 애초에 언약 성립과 유지를 가능하게 한 하나님의 은혜와 하나님의 주도적 행동(God's initiative)에 대한 심오한 인식은 언약 개념 자체에 필수 요소이며, 언약 유지를 위한 하나님의 지속적인 행동이라는 개념에도 필수적인 요소이다. 믿음으로 말미암는 의(justification by faith)는 기독교 고유의 가르침이 아니다. 여기에서 바울이 호소하는 상대는 바로 은혜로 선택하시고 그 상태를 유지하시는 하나님을 믿는 유대인들의 신앙의 연장으로써 기독교 신앙을 견지하는 유대인들이다. 이 내용을 곧 다시 다루겠지만, 그전에 잠깐 간단히 짚고 넘어가고 싶은 부분이 있다. 언약 지위에 대한 이스라엘의 이해라는 근본적 특징을 무시하면, 제대로 된 역사비평적 주해를 얻을 수 있는 가능성을 자칫 위험에 빠뜨릴 수도 있다. 이보다 훨씬 좋지 않은 예를 들어 보자. 우리가 종교개혁의 전제로부터, 즉 바울의 공격 대상이 하나님의 무죄 선고를 얻어낼 수 있다는 (earn) 공로주의적 행위였다는 전제로부터 주해를 시작하면 주해 작업 전체가 잘못된 방향으로 흐르게 된다. 바울은 괴팍

스럽고 유별난 유대인이 아니었고[여기에서 던은 샌더스의 바울 이해를 가리키고 있다-역주], 루터의 단순한 원형[prototype]도 아니었다.

(2) 그렇다면 "율법의 행위들"로 의롭게 된다는 견해를 바울이 거부할 때(단 한 구절[갈 2:16]에 "율법의 행위들에 의하지 않고"라는 문구가 세 차례나 등장한다), 그는 무엇을 공격하고 있는 것일까? 이미 내가 언급한 바로부터 도출된 대답은 이러하다—바울의 공격 대상은 언약적 행위들, 언약과 연관된 행위들, 언약의 율법에 대한 순종으로 하는 행위들이다. 갈라디아서 2:16의 바로 앞뒤 구절, 그리고 보다 넓은 맥락에 대한 고려가 이러한 답을 확증해 주고 명료하게 만들어 준다.

바로 전의 문맥을 살펴보자. 갈라디아서 2:16을 쓰기 바로 전에 바울은 예루살렘과 안디옥에서 일어났던 논쟁들, 아니 위기들에 대해 언급하는데, 이는 두 개의 이슈와 연관되어 있다. 예루살렘에서는 할례가 쟁점이었다. 안디옥에서는 유대 음식 규정과, 명확히 언급되지는 않았지만 암시된 것이 분명한, 제의적 정결에 대한 문제가 이슈였다. 율법의 행위들로 인한 칭의[justification]에 대한 바울의 완강한 거부는 이 두 가지 이슈에 대한 그의 응답이었다. 좀 더 정확히 말하자면, "율법의 행위들로 인한 의"를 바울이 거부한 것은 칭의가 할례나 유대 정결법 준행, 혹은 음식에 대한 금기에 달려있다는 견해를 거부한 것이다. 따라서 우리는 다음과 같이 정당하게 추론할 수 있다. 바울은 "율법의 행위들"에 대해 말하면서 갈라디아서의 수신자들이 할례나 음식법 같은 특정한 율법의 준수를 떠올리기를 원했다. 또한 갈라디아 교인들은 바울이 편지 후반부에 부정적으로 언급하는 또 하나의 율법 준수—특별한 날들과 축제일의 준수(갈 4:10)—를 떠올렸을 것이다. 그런데 왜 이 특정한 "율법의 행위들"이 논란거리가 되었을까? 좀 더 넓은 배경을 살펴보면 그 이유를 알 수 있다.

바울 당대의 그리스-로마 문헌에 근거한 보다 넓은 맥락에서 보자면, 바로 위에서 언급한 특정한 율법의 준수가 유대교의 두드러진 특질로 널리 간주되었음을 알 수 있다. 페트로니우스(Petronius), 플루타르크(Plutarch), 타키투스(Tacitus), 그리고 유베날리스(Juvenal) 같은 저술가들은 특히 할례를 받고, 돼지고기를 피하고, 안식일을 준수하는 것이 유대인 내지는〔유대인은 아니지만〕유대적 생활 방식에 큰 매력을 느꼈던 사람들을 다른 족속으로부터 구별 짓는 표식으로 간주했다. 물론 이러한 행동들을 전적으로 유대인들만이 했던 것은 아니다.[30] 예

---

30. 보다 자세한 연구는, M. Stern, ed., *Greek and Latin Authors on Jews and Judaism* (Jerusalem: Israel Academy of Sciences and Humanities, Vol. I, 1976, Vol. II, 1980), §§. 195, 258, 281, 301을 참조하라.

컨대, 할례는 유대인들만 시행하는 것이 아니었다. 하지만 그
럼에도 불구하고 이러한 행동들이 유대인을 하나의 종족으
로 고유하게 특징짓는 행습으로 널리 간주되었다는 사실—그
리스-로마 세계에서 디아스포라 유대교가 행사했던 영향력에
대해 많은 정보를 주는 사실—은 유대인과 율법의 행위들 사
이의 밀접한 관계를 더욱 두드러지게 만든다. 달리 표현하면,
바로 이 특정한 율법들의 준수가 유대인들의 정체성의 표지
(identity marker)로 기능했다는 것은 분명하다. 대중들은 특정한
율법들을 지키는 사람들을 유대인으로 알아 볼 수 있었고, 이
러한 특정 율법들의 준수는 유대인들을 특유한 민족으로 구
별하는 독특한 의례였다.

　이와 같은 관찰을 샌더스에 의해 재조명된 팔레스타인 유
대교와 나란히 놓고 보면 유독 이 특정한 율법의 준행들이 왜
그토록 뚜렷한 유대적 행위로 간주되었는지 그 이유가 더 분
명해진다. 유대인들 역시 이와 똑같은 관점을 가지고 있었기
때문이다! 그리스-로마 시대의 저자들이 유대인들을 특징짓
는 종교적 행위들로부터 받은 강력한 인상은 단지 유대인 자
신들의 전형적이고 지배적인(dominant: 가장 대중적인-역주) 태도
가 반영된 것이다. 이 정체성 표지들(identity markers)은 유대성

〔Jewishness〕을 규정한다. 왜냐하면 유대인들 스스로가 이러한 정체성 표지들을 언약에 부합하는 가장 중요한 행위로 보았기 때문이다. 이 정체성 표지는 언약의 일원임을 나타내는 배지〔badges〕로 기능했다. 언약 백성의 일원은 정의상 이 같은 특정한 율법들을 지키는 사람이다. 바로 이러한 율법의 준행이 너무나 분명히 언약의 근간을 이루는 기본 법칙에 속하기 때문에, 다른 해석은 상상할 수도 없다.

예를 들어, 할례를 보자. 충성스러운 유대인이라면 창세기 17장에 나타난 명백한 규정들을 무시할 이는 아무도 없을 것이다.

그리고 하나님께서 아브라함에게 말씀하셨다. "너와 네 후손들은 대대로 내 언약을 지켜야 한다. 네가 지켜야하고 나와 너와 네 후손들 사이에 지켜야 할 언약은 이것이다. 너희 중에 있는 모든 남자는 할례를 받아야한다. 네 성기 포피에 할례를 받아야 한다. 이것이 너와 나 사이에 맺은 언약의 표시가 될 것이다. … 내 언약은 네 육신에 새겨진 영원한 언약이 될 것이다. 성기 포피에 할례를 받지 않은 남자는 그의 백성에서 잘려 나갈 것이다. 그러한 사람은 내 언약을 깨뜨렸다." (창세기 17:9-14).

이보다 더 명백할 수 있을까? 디아스포라 유대인 일부가

이 명령을 영적으로 해석하면서 문자적 실행을 회피하려 했다고는 하지만[31] 그 사실 자체가 할례를 받지 않으려는 사람이 얼마나 예외에 속했는가를 제대로 보여준다. 이방인과 유대인 모두에게 할례는 유대성(Jewishness)의 정체성 표지이자 유대 민족에 속해 있다는 표지였다.

정결한 음식에 대한 율법들은 〔할례에 비해〕 토라에서 중심적 위치를 차지하지 않았다(레 11:1-23; 신 14:3-21). 하지만 최소한 마카비 가문 시대부터 음식에 대한 율법은 유대 민속〔民俗: folklore〕에서나 유대인의 자기 이해에 점차적으로 중요하게 되었다. 마카비 가문의 순교자들은 "굳게 서서 부정한 음식을 먹지 않기로 결심하고" "음식으로 더럽혀지거나 거룩한 언약을 모독하느니 차라리 죽기를 선택한" 사람들로 기억되었다(마카비1서 1:62-63). 다니엘, 토빗, 유딧처럼 여러 세대에 걸쳐 유대인들에게 사랑받은 인기 있는 이야기들의 영웅은 모두 "이방인들의 음식"을 먹기 거부함으로써 하나님에 대한 신실함을 보여 주었다(단 1:8-16; 토빗 1:10-13; 유딧 10:5; 12:1-20). 그러므로 의심의 여지없이 바울이 살던 시대의 신실한 유대인은 정결한 음식과 부정한 음식을 구별하는 율법에 대한 순종을 언약에 대한 충성심을 나타내는 기본적

---

31. Philo, *Migr.*, 89-93; cf. *Qu. Ex.*, II.2를 보라.

표현으로 간주했다. 더욱이, 쿰란의 에세네파는 물론 우리가 위에서 살펴 본 바울 시대의 바리새인들에게 있어서 제의적 정결, 특히 식탁에서의 제의적 정결을 유지하는 것은 가장 중요한 사안이자 늘 신경써야할 주요 관심사였다.[32] 따라서 "야고보에게서 온 사람들"이 이러한 음식 규정 문제에 있어서 베드로와 다른 유대인 출신 그리스도인들이 안디옥에서 보인 〔율법 준수의〕 느슨함에 크게 화를 내었던 것은 당연한 일이었다. 〔야고보에게서 온 사람들이〕 언약 의무의 준수와 관련된 민족적 정체성과 언약적 신실함에 이처럼 강력히 호소할 때, 베드로와 바나바가 저항할 수 없었던 것은 그리 놀라운 일이 아니었다.

안식일을 비롯한 특별한 날의 준수에 대해서는 다음과 같은 요소들만 기억해도 충분할 것 같다. 먼저 유대인들의 성서가 안식일을 창조 기사에 기반을 둔 가장 근원적인 율법(창 2:3)으로 간주하고 있다는 사실과, 안식일이 십계명에서 유일하게 규정한 축일〔feast day〕(출 20:8-11; 신 5:12-15)이라는 점을 잊지 말아야 한다. 또한 이사야서에서 안식일과 언약을 명시적으로 연결시키고 있음을 기억해야 한다. 안식일은 언약에 대한 충성심의 결정적 표현이며, 이 언약과 안식일은 유대

---

32. 특별히 다음 연구를 보라. J. Neusner, *From Politics to Piety* (Englewood Cliffs, 1973), 80, 83-90.

인과 이방인이 연합하여 마지막 날에 함께 한 분 하나님을 예배하게 될 기반을 제공한다(사 56:6-8). 여기에서도 역시 언약백성을 구분하는 역할을 하는 율법의 행위〔a work of the law〕, 즉 하나님의 은혜로 이스라엘에게 주어진 언약에 충성하는 바른 유대인이라면 반드시 지켜야 할 최소한의 율법의 행위들 중 하나를 말하고 있다.

언약 백성이라는 신분〔membership〕과 유대인으로서의 정체성을 규정짓는 율법의 특정 규율들〔particular regulations〕 사이의 자명한 관계를 볼 때, 이러한 율법의 행위들(즉, 율법의 준수) 없이 하나님의 언약에 참여하고 하나님의 언약적 의로움〔God's covenant righteousness〕 안에 거한다는 것은 주후 1세기의 전형적 유대인, 특히 팔레스타인 지역의 유대인으로서는 상상하기조차 어려운 일이었다고 말해도 그리 과장은 아닐 것이다. 현대 기독교에서 성례전(세례와 주의 만찬)이 차지하는 역할과 비교해 보는 것도 율법의 행위들을 이해하는 데 도움이 될 수 있다. 성례전이 기독교인들의 자기 이해에 있어 핵심적 역할을 하는 것과 마찬가지로, 바울이 살던 시대에서는 할례, 식탁 규율, 그리고 안식일이 유대인의 자기 이해에 핵심적 역할을 했다. 퀘이커 교도나 구세군을 기독교 단체로 인정하고 있기는 하지만〔퀘이커와 구세군은 성례전을 하지 않는다-역주〕, 기독교인을 기독교인으로 알아보고 구분 짓는 경계선의 표지〔boundary markers)가 무엇인지 정의하려 할 때 세례와 주의 만찬이 최우선 순위에 오르는 것은 거의 확실하다. "세례 받지 않은 기독교인"이라는 표현이 우리에게 모순처럼 들리듯이, "율법의 행위, 할례, 음식 규정, 안식일을 준수하지 않는 유대인"이라는 표현은 더더욱 모순적으로 들린다.

바울이 "율법의 행위들로 의롭게 됨"의 가능성을 부정한 것은 바로 이 근본적인 유대인의 자기 이해를 공격하는 것이라는 확실한 결론이 도출된다.[33] 여기서 유대인의 자기 이해란 하나님이 인정하시는 언약 백성의 지위(status)가 이러한 율법의 특정 규정들의 준수와 긴밀한 관계를 가지고 있다는, 아니 심지어 거기에 달려있다는 믿음, 그리고 하나님의 무죄 판결이 어느 정도는 개개인이 이러한 고유한 유대 제의들을 받아들임으로써 언약 백성의 일원으로 선포되는 것에 달려있다는 믿음을 말한다.

이로부터 다시 사안을 보다 분명하게 해주는 두 개의 결론이 도출된다.

(a) 바울은 물론 바울의 유대인 적대자들도 "율법의 행위

---

33. K. Kertelge, "Zur Deutung des Rechtfertigungsbegriffs im Galaterbrief", *BZ* 12 (1968), 215 (위의 각주 26번): "따라서 16절에 있는 "율법의 행위들"은 15절에 나타난 유대인들의 자기-이해의 표현이다"(Die erga nomou in v. 16 sind also der Ausdruck des jüdischen Selbstbewusstseins von v. 15).

들"이라는 표현을 공로를 쌓는〔merit-amassing〕율법 준수나 하나님의 호의를 얻기 위한 행위들로 이해하지 않았다. "율법의 행위들"은 표찰〔badge〕같은 것으로 간주되었다. 즉, "율법의 행위들"은 그야말로 언약 백성이라는 멤버십에 수반되는 것이자 유대인들을 하나님의 백성으로 구별 짓는 표식이었다. "율법의 행위들"은 바로 이 이유로 하나님께서 주신 것으로써, 언약 백성으로서의 지위를 입증하는 역할을 했다. 율법 준수는 하나님의 언약적 은혜에 대한 합당한 반응이자 하나님의 백성의 일원으로서 해야 할 최소한의 의무였다. 다른 말로 표현하자면, 바울은 〔"율법의 행위들"에 대해 언급할 때에〕샌더스가 "언약적 율법주의"로 명명한 것을 염두에 두었다. 그리고 바울은 하나님의 칭의〔justification〕가 "언약적 율법주의"에 달려있다는 생각, 즉 언약의 표찰을 찬 사람들에게만 하나님의 은혜가 임한다는 생각을 거부했다. 바울 당대의 역사적 맥락과 배경을 고려함으로써 도출된 이 결론은 중요한 함의를 지니고 있다. 왜냐하면 이 결론이 바리새인으로서 살았던 바울의 과거, 〔회심 후〕바울, 그리고 동시대의 유대 그리스도인들 사이에서 칭의와 은혜, 언약과 율법에 관해 어떤 연속성과 불연속성이 있었는지 보다 정확하게 밝힐 수 있는 출발점을 제공하기 때문이다.

(b) 종교개혁에 기반 한 주해와 관련하여 보다 더 중요한

결론은, "율법의 행위들"이 통상적 의미로나 루터의 후예들에 의해 폄훼 당했던 의미로나 인간 자신의 성취의 의미에서나, "피조물이라는 신분을 망각한 채 자신의 실존(existence)의 안녕을 인간 스스로의 힘으로 추구함"(불트만의 유명한 정의를 인용하자면)이라는[34] 의미가 아니라는 것이다. 사실 갈라디아서 2:16의 "율법의 행위들"이라는 표현은 상당히 제한적인 의미를 지녔다. 위에서 살펴보았듯이 "율법의 행위들"이라는 문구는 바로 정체성의 표지(identity maker), 다시 말해 언약적 행위를 가리킨다. 언약적 행위란 유대인 누구나 당연히 신실한 유대인의 행동을 묘사하는 것으로 간주할, 율법이 제정한 규정들(regulations)을 말한다. 유대인이라는 말은 언약의 일원이라는 말이고, 할례, 음식 규정, 안식일을 지키는 사람이라는 말이다. 간단히 말해 바울은 흔히들 생각하는 것보다 훨씬 더 16세기 유럽인과는 거리가 멀고, 많은 사람들이 생각했던 것보다 훨씬 더 1세기 유대교라는 실체(reality)에 굳건히 발을 디딘 사람이었다.

　(3) "율법의 행위들"이라는 측면으로 이해된 의(righteous-

---

34. R. Bultmann, *Theology of the New Testament*, 1 (ET, London, 1952), 254. 다음의 연구들과 비교하라. 예를 들어, H. Ridderbos, *Paul: an Outline of his Theology* (1966; ET, London, 1977), 139; E. Käse-mann, *Romans* (HNT, 1973; ET, London, 1980), 93, 102, 284; Hüb-ner, *Das Gesetz bei Paulus*, 102; Beker, *Paul the Apostle*, 247.

ness]와는 대조적으로, 바울은 예수 그리스도에 대한 믿음을 통한(through faith in Jesus Christ) 의에 대해 말하고 있다. 그냥 믿음이 아닌, 예수 메시아, 예수 그리스도에 대한 믿음이다. 우리는 즉각 이것이 그리스도인들 사이의 논쟁이었음을 상기하게 된다. 바울과 베드로 이 두 유대인—예수를 믿는 유대인—사이에서 벌어진 논쟁이라는 말이다. 바울은 예수 운동(Jesus movement)의 구성원들이 공통적으로 지닌 근본적 확신에 호소하고 있다. 베드로, 바울, 및 다른 사람들을 동시대 유대인들로부터 구별 짓는 기준은 예수를 메시아로 믿는 믿음이다.

그러나 여기에서 우리는 우리가 말하고 있는 바를 분명히 해야 한다. 바울을 비롯한 유대 기독교인들을 그리스도를 믿지 않는 유대인들로부터 구별하는 잣대가 예수를 메시아로 믿는 믿음인가, 아니면 흔히들 말하듯, "믿음에 의한 칭의"(justification by faith: 옮긴이의 일러두기 제2항 참고)에 대한 확신인가? 위에서 이미 보았듯이 샌더스의 연구 결과에 비추어 볼 때, 전형적인 1세기 유대인이 믿음에 의한 칭의(justification by faith)를 거부했었을 것이라는 주장은, 한때 당연한 것처럼 보였으나 이제 더 이상 옳다고 말하기 어렵다. 하나님의 선택하시는 은혜(electing grace), 언약적 자비, 애정 어린 친절함, 그리고 "하나님의 의"(righteousness of God)라는 바울의 핵심 용어가 형식과 내용 모두 구약에서 직접 끌어온 것이라는 사실을 고

려할 때, 다음과 같은 질문을 피할 수 없다. 여기에서 문제가 되는 점은 과연 무엇인가? 문제의 요점이 인간을 위한 하나님의 선포에 드러난 그분의 주도적 행위로서의 이신칭의가 아니라면? "율법의 행위들"이 공로를 쌓는 선한 행동을 의미하는 것이 아니라면? 그렇다면 도대체 무엇이 문제인가? 율법의 행위들에 의한 칭의와 메시아 예수에 대한 믿음을 통한 칭의를 바울이 대조적 관계로 제시한 것은 정확히 어떤 의미를 지니는가?

갈라디아서 2:16은 하나의 대답을 제시한다. 바울의 요점은 정확히 말해 "율법의 행위들을 통한 칭의"와 "예수를 믿음으로 말미암는 칭의"가 서로 배타적 관계에 있으며 완전히 반대된다는 것이다. 인간을 향한 하나님의 선대하심이 어떤 식으로든 "율법의 행위들"에 달려있다는 주장은 하나님의 선대하심이 예수 그리스도에 대한 믿음에 달려있다는 주장과 상충된다. 실제로 갈라디아서 2:16은 이 두 명제들을 날카롭게 상반되는 대항 명제로 굳히는 바울의 단계적인 사고 과정을 반영하고 있는 것으로 보는 것이 맞을 것 같다. 내가 어떻게 이와 같은 결론에 이르게 되었는지 설명해 보려고 한다.

16절 상반절에 의하면, "사람이 예수 그리스도에 대한 믿음을 배제한〔except〕 율법의 행위들로는 의롭다 칭함을 받지 못한다"라는 이해는 (베드로와 바울 둘 다 인정한) 공통된 기

반이었다〔즉, "예수에 대한 믿음" 없이 "율법의 행위들"만으로 의롭게 될
수 없다는 의미로서, 믿음과 행위는 상호보완적인 관계가 된다-역주〕. 바
울이 시작 문구—"예수 메시아에 대한 믿음을 배제한"〔except
through faith in Jesus Messiah〕—를 어떻게 표현했는지에 주목하
라. 문법적인 차원에서 볼 때, 이 문장의 "예수에 대한 믿음"
은, "율법의 행위들에 의한 칭의"에 (아직) 반대되는 것이 아
니라, 율법의 행위들〔율법의 행위들의 효용성 내지는 중요성-역주〕을
한정 짓는 조건〔qualification〕인 것이 분명하다. 바울 당시의 유
대적 기독교의 관점에서 보자면, 이 구절의 분명한 의미는 다
음과 같다. 율법의 행위들에 근거한 칭의를 제약하는〔restriction〕
유일한 요소는 예수를 메시아로 믿는 믿음이다. 즉, 언약적 율법
주의〔언약적 율법주의의 효용성/중요성〕를 제한하는 유일한 조건
은 그리스도에 대한 믿음〔faith in Christ〕이다. 그러나 이때 언약
적 율법주의 자체는 도전받거나 의문시 되지 않았다. 제한되
고, 한정되고, 메시아로서의 예수와 관련되어 더 정교하게 정
의되었으나 부정되지는 않았다. 이렇게 유대인들의 자기 이
해에 있어 언약적 율법주의가 믿음과 반대되는 것이 아니라
는 사실로 미루어 볼 때,[35] 이 지점에서 〔유대 그리스도인들이 이해

---

35. Mussner, *Galaterbrief*, 170: "유대인은 '믿음'과 '율법의 행위들'을
반대되는 것으로 보는 바울적 견해를 받아들이지 않는다. 사실 유
대인에게 이런 구분은 이해하기 어려운 것이다"(Der Jude lässt die

한바〕 새로운 운동〔예수운동(Jesus movement)〕이 요청했던 단 하나의 변화는 바로 전통적인 유대적 믿음이 메시아 예수에 대한 믿음으로 보다 정교하게 정의되는 것이었음을 알 수 있다. 이것은 분명 유대 그리스도인들이 받아들였던 견해였다. 바울은 이 견해에 호소하고 있는 것이다.

따라서 바울이 논증의 출발점으로 삼는 공통적으로 받아들여진 견해가 언약적 율법주의와 그리스도에 대한 믿음을 대립 명제로 놓는 것으로 이해될 필요는 없다. 안디옥에서 베드로와 유대인 출신 신자들의 행동이 분명하게 보여주었듯이, 예수를 메시아로 믿는 믿음은 유대 그리스도인에게 유대성〔Jewishness〕을 포기하도록 요구하거나, 민족적 종교의 표찰을 포기하거나, 하나님의 언약적 은혜에 대한 응답으로서의 율법의 행위들을 문제시하거나 하지 않는다. 유대인 메시아를 믿는 이러한 유대적 믿음이 오랜 시간에 걸쳐 확립된 유대교 고유의 독특한 행위와 신념에 반드시 영향을 주어야 할 이유가 있을까〔이 문단은 유대 그리스도인들의 신념을 표현하고 있다-역주〕?

그러나 바울은 이와는 다른 논리—믿음에 의한 칭의라는 논리—를 따른다. 즉, 믿음을 통해 은혜로 말미암은 것은 절대로 특정한 제의적 반응에 의존할 수 없다는 것이다. 인간에

---

pln. Antithetik "Glaube"—"Werke des Gesetzes"—nicht gelten, ja sie ist ihm unverständlich).

게 우호적인 하나님의 판결이 그 인간의 믿음을 통해 내려진
다면, 하나님의 판결은 인간의 믿음 외에는 그 어떤 것에도
의존하지 않는다. 바울은, 율법의 행위들에 의한 칭의와 예
수 그리스도에 대한 믿음에 의한 칭의를 반복하여 대조시키
면서, 원래 보완적인 의미로 병치된 "율법의 행위들"과 "예수
에 대한 믿음"을 의미심장하게도 완전히 대조적인 것으로 바
꾼다. "… 사람이 그리스도에 대한 믿음을 통하지 않은〔except
through faith in Jesus Christ〕 율법의 행위들을 통해서는 의롭다 여
겨지지 않는다고 알기에〔던이 앞서 논증했듯이 이 문장은 "율법의 행
위들" 외에 "예수에 대한 믿음"이 추가적으로 있어야한다는 것을 의미한다-
역주〕, 우리 역시 예수를 믿었다. 그것은 율법의 행위들로써가
아니라 그리스도를 믿음으로〔from〕 의롭다 여겨지기 위함이
다." 더욱이 그리스도를 믿음으로 말미암는 의를 기술할 때,
바울은 칭의에 관한 표현을, "그리스도에 대한 믿음을 통해
〔through〕" 의롭다 여겨질 뿐 아니라, "그리스도에 대한 믿음으
로부터〔from〕" 의롭다 여겨진다고 살짝 변화시켰다. 이러한 언
명이 가지는 함의는 거의 명백하다〔대부분의 다른 학자들과는 달
리, 던은 διά와 ἐκ가 서로 다른 의미를 전한다고 생각하고 주장을 전개한다-
역주〕. 즉, 바울이 보기에 그리스도에 대한 믿음은 하나님께서
사람을 의롭다 하실 때 보시는 유일한 필요충분조건이라는
것이다.

다른 말로 표현하자면, 16절에서 바울은 "예수에 대한 믿음"을 언약적 율법주의[언약적 율법주의의 중요성]에 제한을 두는 조건으로 서술하는데서 시작해서, 노골적으로 이 두 명제를 반대 명제로 놓기까지 밀어붙였다. 즉, 믿음에 근거하여 우리가 하나님께 받아들여졌다면, 우리가 받아들여질 만하게 된 것은 행위들에 근거하지 않고, 믿음에 근거한다. 그렇다면 예수 메시아에 대한 믿음은, 아마도 갈라디아서 2:16에서 최초로, 하나님께서 선택하신 백성[the elect of God]을 협소하게 정의[definition]한 것이 아닌, [언약적 율법주의에 따른] 기존의 정의를 대체하는 정의로 나타나기 시작한 것이다. 유대 그리스도인에게 있어 여러 정체성의 표지들(할례, 음식 규정, 안식일) 중 하나로 여겨졌던 예수를 그리스도로 믿는 믿음이 이제 다른 정체성 표지를 불필요하게 만드는 가장 중요한 정체성 표지가 된 것이다.

이러한 설명은 그리스도의 구원사적 중요성에 더욱 강조를 두는 쪽으로 살짝 다르게 재표현 될 수 있다. 바울이 사실상 씨름했던 문제는 이것이다—우리 유대 그리스도인들은 우리의 언약적 율법주의, 우리의 율법의 행위들, 언약 안에서 우리의 의무들을 어떻게 예수 그리스도에 대한 믿음과 연결시킬 수 있을까? 조금 더 광의의 용어들을 써보자. 예수가 메시아로 오셨다는 사실이 우리의 전통적 언약 이해에 어떤 변화

를 가져다주었는가? 바울이 살던 시대의 예루살렘의 많은 신
자들은 아마 이 질문에 "아니, 아무런 변화도 없다"고 대답했
을 것 같다. 몇 가지 중요한 조건을 충족시킴으로써 이방인들
이 언약에 받아들여질 수 있게 된 것은 여전히 하나님께서 이
스라엘과 맺으신 언약 덕분이기 때문이다. 지도자 역할을 하
는 사도들을 포함한 다른 사람들은 이방인 신자들이 입교의
조건으로 할례를 받을 필요가 없다는 데 기꺼이 동조했다. 그
러나 압박을 받거나 위험한 상황에 처할 경우 이들은 여전히
이방인 신자들이 전통적 의미에서 언약 관계 아래 살아가는
사람들과 같이, 식사할 때 적용되는 음식과 정결 규정을 따름
으로써 언약백성의 지위를 유지하기를 기대했다. 심지어 베
드로와 바나바도 그러했다(갈 2:12-14). 위의 질문에 대한 그
들의 실질적 대답은 이러하다. 그리스도께서 오심은 모종의
변화를 가져왔으나 일상적 삶의 영위에는 그다지 큰 변화를
일으키지 않았다. 하나님의 백성은 여전히 본질적으로 유대
적인 의미로, 또 유대교의 독특성을 토대로 정의되어야 한다.
하지만 정확히 바로 이 지점에서 바울은 다른 대답을 발전시
키기 시작한다.

짧게 말하자면, 바울이 제시한 새로운 답변은, 그리스도의
오심으로부터 언약의 목적을 성취할 시간이 시작되었다는 것
이다. 애초부터 하나님께서 언약을 맺으셨던 종말론적 목적

은 이방 족속들에게 축복을 주기 위함이었다. 복음은 하나님이 아브라함에게 약속하실 때 이미 선포되었다. "네 안에서 모든 족속들이 복을 받게 될 것이다"(갈 3:8; 창 12:3; 18:18). 성취의 시간이 도래했기 때문에, 언약은 더이상 민족주의적이거나 종족주의적 관점으로 이해되어서는 안 된다. 언약은 더 이상 오로지 유대인에게만 해당되는, 유대인들만의 특권이 아니다. 그렇다고 언약이 폐기된 것은 아니다. 오히려 언약은 하나님이 원래 의도하셨던 것만큼 확장되었다. 언약은 애초에 그랬듯이, 하나님의 은혜를 통해 민족적 제한에서 벗어난 모습으로 표현되었고 종족이나 행위와 전혀 상관없이 거저 주어졌다. 이것이 갈라디아서 3장과 4장에서 바울이 논증한 것이고, 이 논증은 나중에 로마서 3장과 4장에서 더 발전되어 나타난다.

이로부터 바울이 깨닫고 주저 없이 이끌어 낸 결정적 결론은, 언약이 더 이상 할례, 음식규정, 안식일 같은 두드러진 유대 율법 준수로 규정되거나 특징지어지지 말아야 한다는 것이다. 언약적 행위들은 유대적 율법 준수와 지나치게 동일시되었고, 언약적 의는 민족적 의와 동일시 되었다.[36] 그러나 이

---

36. 이 표현은 N. T. Wright에게 빚졌다. 그의 옥스포드대 박사논문을 보라. N. T. Wright, *The Messiah and the People of God: a study in Pauline Theology with particular reference to the argument of the*

와 같은 등치를 주장하는 것은 언약이 시작된 방식은 물론 언약의 목적(언약이 마침내 하나님이 의도하신 바대로 성취될 때 일어날 일) 둘 다를 무시하는 것이었다. 율법의 행위들에 대한 지속적 강조는 그리스도인들에게 있어 핵심적인 사실을 무시하는 것이다. 핵심적 사실이란, 그리스도께서 오심으로써 하나님이 세우신 언약의 목표가 하나님께서 의도하신 최종 단계에 다다랐다는 사실, 그리고 이 최종 단계에서는 보다 더 근본적인 정체성 표지(아브라함의 믿음)가 지나치게 협소한 민족적 정체성의 표지들(할례, 음식 규정, 안식일)보다 훨씬 중요하다는 점이 재천명되었음을 말한다.

  지금까지 우리가 제시한 갈라디아서 2:16에 대한 이해가 옳다면, 기독교 역사에 매우 결정적인 발전이 벌어지는 광경을 목도하는 특권이 우리에게 주어진 것과 다름없다. 갈라디아서 2:16에서 우리는 그리스도의 중요성에 대한 유대 그리스도인의 자기 이해로부터 상당히 다른 이해로 넘어가는 것〔transition〕, 즉 유대인들의 메시아사상〔Jewish Messianism〕의 한 형태로부터 특정한 믿음(언젠가는 유대교와 결별하여 그 자체로 존재해야 할 기독교의 믿음)으로 이동하는 광경을 보게 된다.

  Epistle to the Romans (1980), 89-90.

다시 한 번 우리는 〔복잡한 이슈들을〕 깔끔히 정리해 주는 두 개의 결론에 다다른다.

(a) 우리는 바울의 사고 흐름을 파악하고서 과거의 구분, 즉 믿음과 (일반적) 행위, 그리고 믿음과 "선한 행위들" 사이의 구분으로 되돌아가서는 안 된다. 바울은 여기에서 믿음이라는 개념이 행여 일종의 "행위"로 인식될까 염려한 나머지 완전히 수동적인 믿음에 대해 논증하는 것이 아니다. 바울이 거부하고 있는 것은 믿음을 표현하기 위한 필수 요소로 특정한 행위를 하도록 강요하는 것이다. 갈라디아서 후반부에서 바울은 이렇게 말한다. "그리스도 예수 안에서는 할례나 무할례 다 의미 없고, 사랑을 통해 작동하는 믿음만이 (중요하다)"(갈 5:6).

(b) 바울이 말하는 "율법의 행위들"이 제의적〔ritual〕 율법과 의식법〔ceremonial law〕에 속한다는 단순한 이유 때문에, 믿음과 행위에 대한 바울의 구분을 우리 맘대로 믿음과 의례〔ritual〕로 이분화 해서는 안 된다. 물론 외형과 내심, 제의적〔ritual〕과 영적〔spritual〕이라는 구분이 존재하지만, 그렇다고 이러한 쌍들이 반드시 서로 반대된다고 볼 수는 없다. 바울은 여기에서 주의 만찬(성만찬)과 세례 같은 신앙의 제의적 표현을 거부하려는 것이 아니다. 다시 말하건대, "예수에 대한 믿음"과 "율법의 행위들"에 대한 바울의 구분이 지닌 정확한 제한 영

역들을 우리는 지켜야 한다. 바울이 거부했던 것은 신앙의 인종적〔racial〕 표현이지 제의적〔ritual〕 표현이 아니다〔여기에서 던은 racial과 ritual이라는 두 단어를 가지고 워드플레이를 하고 있다-역주〕. 바울이 거부한 것은 행위를 강조하는 신념〔activism〕이 아니라 민족주의〔nationalism〕였다. 성경의 어느 구절에 근거를 두었건 간에, 이러한 율법의 행위들은 인종이나 민족을 나타내는 표찰〔badges〕로써 유대성〔Jewishness〕의 표시로 간주되었다. (율법의 행위들과 민족적 정체성 사이의 이토록 밀접한 연관성은) 과거의 유대교나 현대의 유대교처럼 민족과 종교가 분리할 수 없을 정도로 서로 얽혀있을 경우에 불가피하게 나타나는 현상이다. 이와 관련하여 바울은 다음과 같이 이해했다. 곧, 예수께서는 죽음과 부활을 통하여, 신자들이 (유대인들의 할례를 넘어서는) 더욱 풍성한 경험과 (제의적 정결을 넘어서는) 더욱 완전한 표식을 가능하게 하시기 위하여, 의롭다 하시는 하나님의 은혜를 민족주의적 제약으로부터 자유롭게 하셨다.

(4) 마지막으로, 갈라디아서 2:16의 마지막 문장을 주의 깊게 살펴보아야 한다. 여기에서 바울은 시편 143:2을 암시하고 있는 것 같다.[37] 지금까지 논의된 우리의 주장은 바울이 왜 시

---

37. Mussner의 의심에도 불구하고(*Galaterbrief*, 174-75) 바울은 아마도 로마서 3:20이라는 병행 본문이 확인해 주듯이, 여기에서 시편을 암시하려는 의도를 지녔던 것 같다. 로마서 3:20에서는 바울이 시

편 기자의 말을 변경하고 덧붙이는 식으로 이 구절을 사용했는지 설명하는 데 도움을 준다. 시편 143:2에는 다음과 같은 청원이 담겨있다.

당신의 종과 함께 법정으로 들어가지 마소서
어떤 살아있는 인간도 당신 앞에서 의롭지 않기 때문입니다.

바울은 이 시편의 하반절에서 두 가지 요소를 변경하여 사용하였다. 즉, "율법의 행위들로부터"라는 문구를 덧붙이고, "모든 살아있는 존재"라는 표현을 "모든 육체"로 대체했다. 다시 말해, 시편 기자는 "어떤 살아있는 존재도 당신 앞에서 의롭다 칭함을 받지 못할 것입니다"라고 썼으나, 바울은 이를 개작하여, "율법의 행위들에 의해서는 어떤 육체도 의롭다 칭함을 받지 못할 것입니다"라고 썼다는 것이다.[38]

"율법의 행위들"이라는 문구를 덧붙여 더욱 일반적인 시편 143:2의 진술을 제한한 것을 바울은 어떻게 정당화할 수 있었을까? 가장 간단한 대답은 아마 "모든 살아있는 존재"라는

편을 암시하고 있다는 것을 명확히 볼 수 있다.

38. 갈 2:10에서 시편 143:2에 있는 "당신 앞에서"(before you)를 생략한 것은 별로 중요하지 않다. 롬 3:20에서 같은 시편 구절을 암시할 때 그 표현을 생략하지 않고 그대로 둔 것을 보면 명백하다.

표현을 "모든 육체"로 바꾼 것에서 찾을 수 있을 것이다. 사
실 "모든 육체"는 "모든 살아있는 존재"이라는 표현에 맞갖
은 동의어이다. 그러나 바울이 이렇게 표현을 바꾼 것은, 인
간이 그의 육체성〔fleshliness〕때문에 하나님께 받아들여질 수
없다는 사실에 주목하게 하는 유익이 있다. 물론 바울이 그렇
게 함으로써 영과 물질 사이의 이원론을 의도한 것은 아니다.
갈라디아서 5장에 나타난 영과 육 사이의 대립이 아무리 이
원론적으로 보이더라도 말이다. 그는 분명히 인간의 약함, 부
패하기 쉬움, 그저 욕망을 추구하는 인간의 모습(갈 4:13-14;
5:16-17; 6:8) 등을 염두에 두었을 것이다. 그러나 "육체"라
는 단어는, 갈라디아서 4장의 알레고리에서와 같이, 인간의
관계성 개념 및 육신의 후손에게 주어지는 유산 개념과 관련
된다(갈 4:23, 29).[39] 즉, 바울이 사용한 "모든 육체"라는 표현
은 육신으로 아브라함의 후손이라는 유대인의 민족적 정체성
에 기반 해 하나님 앞에서의 (당당한) 지위를 얻고, 하나님께
받아들여질 것이라고 믿었던 유대인을 가리키기 위한 것이었
다. 바로 이 태도, 즉 육신을 통해 형성된 관계들과 육신으로
행하는 제의들을 지나치게 강조하는 태도를, 바울은 갈라디
아서 6:12-13에서 맹렬히 비난하였던 것이다. "그들은 육체를

---

39. J. D. G. Dunn, "Jesus-Flesh and Sprit: An Exposition of Romans 1.3-
    4", *JTS* 24 (1973), 43-9를 보라.

좋게 보이게 하기를 원한다. … 그들은 너희들의 육체로 자랑하기 원한다."

따라서 육신적이고 민족적인 정체성의 관점에서 더욱 날카롭게 정의된 시편 143편과 더불어, 거기에 "율법의 행위들로부터"〔from works of the law〕라는 문구가 덧붙은 것은 〔"모든 육체"에 대한〕 이해를 돕기 위함이었다. "율법의 행위들로부터"라는 삽입구는 시편 기자의 선언을 축소시킨 것이 아니다. 오히려 "율법의 행위들로부터"라는 삽입구는 "모든 육체"라는 문구에 연결되어, "모든 육체"라는 표현을 보다 분명하게 강조한다. 갈라디아서에서 할례로 대표되는 율법의 행위들은 바로 육체의 행동들이기 때문이다. 할례를 강조하는 것은 바울이 더 이상 인정하지 않는바, 곧 육체적 차원의 것에 최상의 가치를 부여하는 것과 같다. "율법의 행위들"은, 그러한 민족적 정체성의 표지에 강조를 두기 때문에—더욱 정확하게 말하자면 하나님의 의를 인종과 민족, 즉 육신적인 틀에 가두기 때문에—아이러니하게도 "육체의 행위들"(갈 5:19)과 다를 바가 없게 된 것이다. 반면에, 바울의 관점에서 보자면, 그리스도께 속한 사람들은 또 다른 출발점(갈 3:3, 영〔Spirit〕이라는 선물)을 거쳐 육신을 십자가형에 처하기에(5:24), 현재 육신 안에서 사는 삶은 육신적 제의나 육신적〔민족적〕관계가 아니라 하나님의 아들을 믿는 믿음으로 살아간다(갈 2:20). 하나님의 목적과 하나님의 백성은 이제 육신에 따른 이스라엘을 넘어 확장되었고, 따라서 육신적 수준에서의 친족관계를 강조하는 율법의 행위들은 더 이상 하나님의 의를 제한시킬 수 없다는 것이다.

마지막으로, 명확히 하는 차원에서 두 개의 결론에 대해 말하겠다.

(a) 다시 한 번 우리는, 바울이 가치를 두지 않았던 율법의 행위들이란 표현이 율법 자체를 가리키는 것도 아니고, 일반적인 율법 준수를 말하는 것도 아님을 명심해야 한다. 이 주제에 대한 샌더스의 최근 연구를 보면,[40] 샌더스가 할례, 음식 규정, 안식일이 지닌 민족적 중요성을 깨달았음에도 불구하고, 여전히 "율법의 행위들"이라는 표현을 "율법"이란 단어의 충실한 동의어로 간주하고 있다는 것을 확인할 수 있다. 샌더스는 "인간은 율법의 행위들로 의롭다 여겨질 수 없다"는 명제와 "인간은 율법으로 의롭게 여겨질 수 없다"는 명제가 서로 같다고 생각하고 있다.[41] 그러나 바울은 선한 행위들(good works) 자체나 율법 자체(*per se*)를 반대하지 않았다. 그가 반대

---

40. 아래의 각주 46를 보라.

41. Sanders의 또다른 연구를 보라. E. P. Sanders, "On the Question of Fulfiling the Law in Paul and Rabbinic Judaism", *Donum Gentilicum: New Testament Studies in Honour of David Daube*, ed. C. K. Barrett, E. Bammel & W. D. Davies (Oxford, 1978), 103-26.

했던 것은 유대인들의 특권이자 유대민족만의 전유물로 여겨
진, 행위들〔works〕이라는 관점에서 이해된 율법이다. 〔유대인의
특권으로서의 율법은〕 "네 이웃을 네 자신과 같이 사랑하라"는 명
령의 측면에서 이해된 율법과는 다르다(갈 5:14).

  (b) 나의 주장의 요지를 제대로 이해시키기 위하여, 반복해
서 말하려 한다. 바울은 여기에서 일반적 의미의 "행위들"을
폄하하고 있는 것이 아니다. 그는 육체로 표현되는 외적인 의
례〔ritual〕와 영 안에서 작동하는 내적인 은혜 사이의 이분법을
강조하지 않았다. 다시 한 번 우리는 바울이 염두에 둔 한정
된 타겟〔target〕이 무엇인지 유심히 보아야 한다. 그가 거부했
던 "행위들"은 바로 민족적 특권을 나타내는 행위들이자, 그
리스도에 대한 믿음이 언약의 멤버십을 나타내는 명찰〔badge〕
이 되기에는 충분하지 않는다는 이유로 행하는 육신적인 행
동들이다. 바울은, 베드로와 다른 유대 그리스도인에 맞서, 신
자들을 향한 하나님의 평결이 처음부터 끝까지 믿음을 통해
실현되는 것이지, 그 어떤 경우에도 유대인을 하나님의 백성
으로 특징짓고 구별짓는 율법의 행위들의 준수에 달려있지
않다고 주장했던 것이다.

III.

갈라디아서 2:16은 이제 충분히 다룬 것 같다. 갈라디아서 전체를 가로 짓는 논증의 발전을 따라가기에는 주어진 시간이 충분치 않다. 하지만 나는 바울이 제시한 논증의 발전을 추적하는 것이 갈라디아서 2:16 이후의 내용에 나타나는 하나 이상의 난제를 해결하는 데 도움이 될 것이라 믿는다. 마찬가지로 바울이 나중에 로마 신자들에게 보낸 편지 역시 위에 제시된 관점을 통해 읽으면 상당히 일관성 있게 이해되리라고 믿는다. 예를 들어, 바울이 로마서 3:27에서 자랑은 제거되었다고 확언할 때, 그는 자기-성취나 자신의 선행을 자랑하는 것을 가리키는 것이 아니다.[42] 로마서 3:27에서 바울이 다루는 자랑은 유대인의 자랑, 즉 하나님의 선택을 통해 하나님과 이스라엘이 특별한 관계 안에 있다는 자랑, 하나님의 호의의 표지로서의 율법에 대한 자랑, 그리고 하나님께 속해 있다는 표찰로서의 할례에 대한 자랑이다(롬 2:17-29). 무엇보다도 이런 해석은 최소한 갈라디아서와 로마서 집필 사이에 바울의 사고에 유의미한 발전은 없었음을 의미한다. 그렇지

---

42. 위의 각주 34번에 인용된 연구들과 대조하라.

만 자세한 설명은 내가 (이 강연) 처음에 언급했던 나의 로마서 주석이 나올 때까지 기다려야 한다. 독자들도 아마 짐작하겠지만, 나는 처음 주석 집필을 부탁받았을 때에 비해 지금은 훨씬 더 집필에 열정을 가지게 되었다.

물론 단 하나의 성경 구절을 근거로 방대한 결론들을 이끌어 내기엔 아직 이르다. 그렇다 하더라도 우리는 이 강연의 끝자락에서 요지들을 간추리면서, 물론 추후에 검증을 받아야 하겠지만, 적어도 바울에 관한 새 관점으로부터 예상할 수 있는 결과들을 조망해 볼 필요가 있다.

(1) 갈라디아서 2:16에서 바울은 실제로 우리가 〔샌더스의 연구를 통해 깨닫게 된〕 1세기 유대교—하나님과의 특별한 관계를 의식하고, 그러한 관계가 요구하는 특정 의무들에 세심한 주의를 기울이는 종교 체계—를 다루고 있다. 따라서 바울이 당대의 유대교를 오해했다는 〔일부 학자들의〕 비판은 이중으로 실패한 것이다. 유대교 학자들은 바울이 유대교를 오해했다고 비판하였는데, 이는 그 자체로 종교개혁이라는 색안경을 끼고 바울을 해석한, 곧 개신교의 표준적인 바울 읽기(오독)에 근거한 것이다. 우리가 종교개혁이라는 안경을 벗어 던진다면, 주후 1세기의 맥락 안에서—심지어는 샌더스가 말했던 것보다도—바울을 더 잘 이해할 수 있게 될 것이다. 샌더스는 실질적으로 바울 연구를 16세기의 눈가리개로부터 해방시켰다.

하지만 샌더스에 따르면, 바울은 여전히 1세기 유대인들에게 도무지 이해하기 어려운 인물로 남아있으며, 또한 바울의 다른 편지(고전 9:19-23)에서 율법을 기꺼이 지키겠다는 선언은 여전히 가장 분명한 자기모순으로 들렸음에 틀림이 없다.

(2) 샌더스(및 다른 학자들)가[43] 재구성한 바울의 율법관이 지닌 커다란 주해적 결함은 "율법의 행위들"이라는 짧은 표현의 중요성을 알아차리지 못했다는 것이다. 그는 "율법의 행위들"에 대한 바울의 폄하가 일반적인 선행의 가치를 부정하는 것이 아닐 뿐더러 공로를 얻기 위한 행위를 염두에 둔 것이 아니라는 점을 제대로 파악했다. 그러나 샌더스는 "율법의 행위들"을 일반적 의미의 "율법을 행하는 것"(이것이 사실 일반적으로 통용되는 해석이다)과 동일하다고 보았고, 이

---

43. Sanders만 꼭 집어 언급하는 것은 공정하지 못하다. 왜냐하면 이러한 관점은 주로 갈 3:11에 근거한 주해와, 2:16에 나타난 초기의 강조된 진술을 충분히 참조하지 않은 채, 갈 3:10을 3:11의 조명 아래 해석한 결과로부터 나온, 이 문제에 대한 공통된 견해이기 때문이다. 예를 들어, 다음의 연구들을 보라. N. A. Dahl, *Studies in Paul* (Minneapolis, 1977), 106, 170; U. Wilckens, "Zur Entwicklung des paulinischen Gezetzverständnis", *NTS* 28 (1982), 166-69; Mussner, *Galaterbrief,* 170: "오로지 순진하고 초보적인 주해만이 "율법의 행위들"이란 표현을 유대교의 제의 규정을 뜻하는 것으로 제한한다"(Nur eine naïve Exegese könnte ... 'die Werke des Gesetzes' auf die rituellen Vorschriften des Judentums beschranken). 그러나 아래의 각주 45번을 보라.

러한 관점은 "율법의 행위들"에 대한 바울의 폄하가 율법 자
체에 대한 폄하와 같으며, 바울이 유대교 전체와 절연했다는
잘못된 결론으로 샌더스를 이끌었다. 공정히 말하자면, 이같
은 실수는 자연스러운 것이다. 왜냐하면 유대교가 이 특정한
행위들에 커다란 의미를 부여하면서, 할례, 음식 규정, 안식일
준수를 언약과 율법에 대한 충성을 가늠할 잣대로 보았기 때
문이다.[44] 그러나 바울은 특히 이러한 행위들〔할례, 음식 규정, 안
식일 등을 준수하는 것〕을 염두에 두었는데, 그 이유는 이러한 행
위들이 지나치게 협소하게 민족주의적이고 인종적인 언약 개
념의 표현이 되었을 뿐더러, 아브라함의 믿음을 나타내는 표
찰이 아닌 이스라엘의 〔민족적〕 자랑의 표찰이 되었기 때문이다.[45]

---

44. 이러한 견해는 여러 다른 교리들이 중요성의 측면에서 같거나 더
    큰 중요성을 지니고 있다고 인정됨에도 불구하고, 근본주의자들이
    성경의 무오성과 대속적 속죄〔substitionary atonement〕 교리만을 정통
    주의의 기준이라고 믿는 것과 비교할 수 있다.
45. 이와 같은 요지는 제의적 율법과 도덕적 율법 사이에 구분을 두는
    시도(이는 빈번히 바울이 만든 구분이라고 여겨진다)에 똑같이 적
    용될 수 있다. 요점은 바울이 그러한 구분을 전제〔presupposition〕로
    여기지도 않았고, 발전시키지도 않았다는 것이다. 율법의 제의적
    규정에 대한 바울의 부정적 태도는 그의 유대인 동족들이 이러한
    제의들을 하나님의 백성임을 가장 분명하게 드러내는 것으로 여겼
    다는 사실과, 이러한 제의들을 실천함으로써 이방인들에 의해 "저
    특별한 족속"으로 여겨졌다는 사실에 기인한다 (위의 각주 30을 보
    라).

샌더스는 이러한 점을[46] 얼핏 몇 차례 선명하게 보았음에도 불구하고 "율법의 행위들"이라는 표현과 "율법 준수"를 별개로 구분하는 데 실패하면서 자신의 통찰을 제대로 발전시키지 못했다.[47]

---

46. 예를 들어, Sanders, *Paul, the Law and the Jewish People*, 33에서 Sanders는 로마서 3:27의 "자랑은 유대인들이 그들의 특별한 지위를 상정(assumption) 하는 것을 가리킨다"고 본다(35쪽도 보라). 할례, 음식 규정, 안식일의 중요성을 Sanders는 인식했다(101-2). "이러한 율법들은 유대인을 이방인으로부터 구별시키는 공통 분모였다"(114). 또한 그의 책 61쪽 각주 107번에서 Sanders는 Lloyd Gaston과 Howard의 저서 일부를 인용한다. Gaston은 "전체로서의 이스라엘은 하나님의 의를, 이방인을 제외시킨 채, 이스라엘만을 위해 의로운 지위(status of righteousness)를 확립하는 것으로 해석했다"고 말한다. Howard는 "'그들 자신의 의'(their own righteousness)는 이방인을 제외시킨 집단적 의를 말한다"라고 주장한다. J. B. Tyson는 보다 오래된 연구인 "'Works of Law' in Galatians", *JBL* 92 (1973), 423-31에서 비슷한 강점과 약점을 드러냈다.

47. 예를 들면 다음과 같다(여기에서 던은 샌더스의 주장을 먼저 인용한 뒤 자신의 견해를 밝히고 있다. 따옴표로 인용된 문장이 샌더스의 것이고, 그렇지 않은 문장이 던의 주장이다-역주). "'믿음에 의해서가 아니라 행위들에 의해'라는 문구는 '그들이 그리스도를 믿지 않았다'는 의미라고 설명할 수 있다. … 이스라엘의 실패는 율법을 제대로 된 방식으로 순종하지 않았다는 것이 아니라 그들이 그리스도를 믿지 않았다는 것이다"(37)—이에 대해 나는 다음과 같이 표현하고 싶다. "이스라엘은 그리스도를 의존하지 않고 율법의 행위들로 입증된 언약 내의 지위에 의지했다." "바울이 자신의 과거를 비판한 것은 자기 의(self-righteousness)라는 태도에 관련된 죄를 참회하는 것이 아니라, 예수 그리스도에 대한 믿음 외에 뭔가 다른 것에 신뢰를 두었던 생활

이러한 실패는 샌더스의 보다 큰 논지에 심각한 결과를 가져다주었다. 그가 "율법의 행위들"에 대한 바울의 부정적 주장이 지닌 의미를 정확히 한정했다면, 바울의 다른 편지에 나타난 율법에 대한 바울의 보다 긍정적인 태도를 더 적절히 설명할 수 있었을 것이다. 특히, 샌더스는 갈라디아서 2:16의 내용과는 상당히 부합하지 않는 구분, 즉 (율법을 행함으로 가능한 것이 아닌) "들어감"〔getting in〕과 (율법의 준수를 통한) "머무름"〔staying in〕이라는 구분을 과도하게 밀어붙일 필요가 없었을 것이다. 갈라디아서 2:16은 안디옥 사건의 이슈가 이미 신자가 된 사람들(갈 2:14)의 일상생활과 관련되었다는 것과, 갈라디아 신자들에 대한 바울의 우려가 시작〔하나님의 언약 백성의 일원이 되는 것-역주〕이 아닌 마지막에 관한 것이었음을 보여준다(갈 3:3).[48] 결과적으로 샌더스는 바울의 복음과 바울이

을 비판한 것이다"(44-45)—3의 가능성이 주어졌다〔*Tertium datur!*〕, … 스스로 유대인이라는 사실에 기반을 둔 확신, 그리고 경건한 유대인으로서 지닌 열심(zeal)에 대한 확신으로서의 죄. "옛 의〔the old righteousness〕가 지닌 유일한 흠은 그것이 새로운 의가 아니라는 점이다"(140)—아니다! (옛 의가 지닌 흠결은) 그것이 지나치게 협소한 의미에서, 그리고 민족주의적 의미에서 유대적이라는 것이다. "바울의 이론에 따르면, 기독교 운동에 들어간 유대인은 아무 것도 포기하지 않는다"(176)—하나님의 의가 유대인의 전유물이라는 주장을 제외하고.

48. Sanders는 *Paul, the Law and the Jewish People*이라는 책의 첫 번째

유대인으로 살았던 과거 사이의 자의적이고 급작스러운 불연속성을 주장할 필요가 없었을 것이다. 이러한 불연속성의 관점에서 보자면, 샌더스가 그린 바울은 샌더스 자신이 그린 유대교의 문제를 제대로 다루지 못하는 것 같다. 반면, 내가 주장한 것처럼, 바울이 하나님의 언약적 약속에 대한 지나치게 협소한 이해와 민족주의적이며 인종적으로 이해된 율법을 반대한 것이라면, 바울과 팔레스타인 유대교 사이의 연속성과 불연속성에 대해 훨씬 더 논리정연하고 일관된 재구성이 가능해진다.

(3) 이 모든 관찰은 스텐달이 이미 오래 전에 주장했던 논지, 즉 바울의 이신칭의 교리가, 개인과 하나님의 관계에 대한 설명이라기보다는, '유대인과 이방인이 어떻게, 이제 예수 그리스도 안에서 완성에 이른 하나님의 언약 안에서, 서로 관계를 맺을 수 있을까' 하는 질문과 씨름한 유대인 바울의 맥락에서 이해되어야 한다는 주장을 지지해준다.[49] 이스라엘 민

섹션(52쪽 각주 20번)에서 이 문제와 씨름하는데, (언약의 멤버십에 관련된 것으로서) "(언약 안에) 있음"〔being in〕이 쟁점 사안이지, "(언약 관계로) 들어감〔getting in〕과 머무름〔staying in〕" 사이의 구분이 쟁점은 아니라는 것을 사실상 인정했다. 유대인 출신 그리스도인과 유대인처럼 살려고 하는 이방인〔Judaizer〕들은 이방인 신자의 일회성 행동이 아니라 토라에 일치하는 삶의 방식을 지속하기 원했다.

49. Stendahl의 다음과 같은 주장과 비교하라. Stendahl, *Paul among*

족이 언약과 율법을 이스라엘만의 각별한 특권과 동일시하는 정도(degree), 바로 여기에 문제가 놓여있다. 이 문제에 대한 바울의 해법은 언약을 부정하거나 율법을 하나님이 주셨다는 사실을 부정하는 것이 아니었다. 그가 거부한 것은 언약과 율법을 이스라엘의 전유물로 보는 견해였다. 바울에게 있어 신자의 모델은 아브라함, 이삭, 야곱 같이 유대교의 언약적 근간을 이루는 조상인데, 이 언약의 구성원은 육체적 후손(혈통적 민족)으로 결정되거나 율법의 행위들에 의존하지 않는다(롬 4장, 9:6-13). 이러한 주장은 분명 바울 자신의 독단적인 해석학적 과정에서 비롯한 것으로서, 아브라함의 예를 전형적이고 규범적으로 간주하면서 동시에, 성서가 강조하는 바, 하나님의 사랑 안에 있는 이스라엘의 특별한 위치를 아브라함의 예를 들어 상대화시킨다. 그러나 바울은 흑백논리나 "받아들이든지 말든지" 식으로 단순히 말하기보다는 이러한 해석에 이르게 된 과정에 대해 논증하고 방어하려 했다.

하지만 우리는 또 다시 이 글의 적절한 한계를 훌쩍 넘어 지나치게 논증을 밀어붙이기 시작하고 있는 것 같아 여기에

Jews and Gentiles, passim. 예를 들어, "… 믿음의 교리는 이방인 개종자들의 권리, 이스라엘에게 말씀하신 하나님의 약속들의 완전하고 진정한 상속자임을 방어하는 아주 구체적이고도 한정된 목표를 위해 바울이 만든 것이다"(2).

서 멈추려한다. 그러나 바울에 관한 새 관점이 바울과 그의 신학에 대해 보다 선명한 통찰과 이해를 가져다주는, 얼마나 가치 있는 작업인가에 대해 충분히 보여주었다고 생각한다.

추기(追記: Additional Note)

　　"새 관점"〔The New Perspective: 위의 1983년 소논문〕은 수많은 반응을 불러일으켰다. 그 중에서 특히 헤이키 레이재넨〔Heikki Räisänen〕과 한스 휘브너〔Hans Hünber〕의 반론이 주목할 만하다. 레이재넨은 스위스 바젤에서 열린 SNTS〔세계적인 신약학회로서, SBL과 달리 투표를 통해 받아들여진 회원만 참가할 수 있다-역주〕의 세미나에서 나의 글 "바울에 관한 새 관점"에 대한 반론을 발표했다. 내가 "율법의 행위들"〔Works of the Law〕이란 제목의 초고를 발표했던 학회였다. 휘브너 역시 참석했다. 레이재넨의 소논문은 "갈라디아서 2:16과 바울과 유대교의 관계 단절"〔Galatians 2.16 and Paul's Break with Judaism〕이라는 제목으로 *NTS* (31 [1985], 543-53)에 실렸으며, 『토라와 그리스도』〔*The Torah and Christ*〕(Helsinki: *FES* 45 [1986] 168-84)에 다시 수록되었다. 같은 해 휘브너의 응답은 『믿음과 종말』〔*Glaube und Escha-tologie*〕(W. G. Kümmel Festschrift, ed. E. Grasser and O. Merk

[Tübingen: Mohr, 1985], 123-33)에 "바울이 지칭한 '율법의 행위들'이란 무엇인가?"[Was heisst bei Paulus 'Werke des Gesetzes'?]라는 제목으로 실렸다.

　레이재넨의 비판이 가장 집요했다. 그는 다음과 같은 네 가지 주요한 주장을 펼쳤다.

　(1) δικαοσύνη θεοῦ[하나님의 의]라는 명사구와 δικαιοῦσθαι [의롭다고 여겨지다] 동사는 신중하게 구별되어야 한다. 갈라디아서 2:16은 분명히 공동체[하나님의 백성-역주] 안으로 들어가는 것[entry]에 관해 말하고 있다. 여기에서 δικαιοῦσθαι 동사는 "옮겨감을 뜻하는 용어"[transfer terminology: 옮긴이의 일러두기 제3항 참고]로서, 기독교 이전의 유대적 용례[pre-Christian Jewish usage]와는 다르다.[1]

　(2) 유대교와 바울 사이의 연속성이 지나치게 강조되었다. 갈라디아서 2:16에서 말하는 믿음은 하나님의 언약적 은혜에 대한 (유대적) 믿음 이해[recognition]를 가리키는 것이 아니다. 갈라디아서 2:16에서 말하는 믿음은 예수 그리스도에 대한 믿음이고, 바로 이 측면이 유대교와 비교할 때 새로운 점이다.[2] "믿음으로 인한 칭의"[justification by faith: 일러두기 제2항 참고]가 유대적 신학개념[theologoumenon]으로도 기술될 수 있었겠

1.　*NTS* 31 (1985) = *NTS*, 545; *Torah and Christ* = *TC*, 172-73.

2.　*NTS*, 546; *TC*, 174-75.

지만, 던이 언약적 율법주의를 대체하는 대조 개념으로서 "그리스도에 대한 믿음으로 말미암는 칭의"〔justification by faith in Christ〕를 수용한 것〔acknowledge〕은 결국 유대교와의 분열을 초래할 수밖에 없다.[3]

(3) 갈라디아서 2:16에서 바울의 생각이 발전하고 있다는 〔던의〕 제안은 본문에 잘 들어맞지 않는다. "16절에서 〔바울의〕 사고의 흐름은 대단히 매끄럽다. 이 구절의 처음과 마지막의 내용이 대조를 이룬다는 그 어떤 형식적인〔formal〕 표시도 없다. … 율법의 행위들에 의한 칭의는 갈라디아서 전체와 마찬가지로 16절 전체에서도 부인되고 있다."[4] 슈툴마허〔Stuhlmacher〕 역시 (이하를 보라) 같은 지적을 한다. 곧, 갈라디아서 2:16 상반절과 하반절 사이에 '급진적인 변화'〔radicalizing gradation〕가 일어나고 있다고 볼 수 있는가 하는 것이다.

(4) 바울의 공격 대상은 단순히 율법에 대한 특정 태도〔attitude〕만이[5] 아니라 율법 자체이다. 이방인들과 마찬가지로 유대인들 역시 새로운 공동체로 들어가야만 한다. 〔제임스 던은〕

---

3. *NTS*, 546-47; *TC*, 176.

4. *NTS*, 547; *TC*, 177-8. R. Y. K Fung이 이러한 견해를 따르고 있다. Fung, *Galatians*, NICNT (Grand Rapids: Eerdmanns, 1988), n.116.

5. 여기에서 Räisänen은 나를 Cranfield와 (같은 견해를 지닌 사람으로) 함께 묶는다. Cranfield에 대한 Räisänen의 비판은 Räisänen, *Paul and the Law*, WUNT 29 (Tübingen: Mohr, 1983), 42-50에 나와있다.

유대교와의 연속성을 주장하고 강조하려는 바울의 시도를 반
영하고 있는 율법에 대한 바울의 긍정적인 언급을 별로 중요
하지 않은 것처럼 슬쩍 넘어가서는 안 된다(고 주장한다)("던은
마치 바울 자신이 그렇게 이해되기를 바라고 있다는 듯이 바
울을 기술하는 데까지 나아갔다"). 그러나 율법에 대한 바울
의 실제 가르침은 그러한 목적(유대교와의 연속성에 대한 강조)과
일관성을 보이지 않는다. 바울의 입장은 (샌더스가 아주 분명
하게 보았듯이)[6] 사실상 유대교와 결별하기에까지 이른다. 짧
게 말하자면, "율법에 대한 바울의 비판은 던의 생각보다 훨
씬 급진적이었고, 우리는 바울과 유대교 사이의 '관계 단절'
을 말하는 것에 대해 주저하지 말아야 한다."[7]

이러한 비판에 대하여 대답하고자 한다.

(1) 내가 볼 때 δικαιοσύνη θεοῦ와 δικαιοῦσθαι를 지나치게

---

6. *NTS*, 548-50; *TC*, 179-84.
7. *NTS*, 544; *TC*, 171. Räisänen은 두 가지 사소한 점에서 틀렸다. (1)
NTS, 550 n.11 = *TC*, 169 n.6. 나는 바울이 유대교를 오해했다는 견
해를 Sanders에게 돌리지 않았다. 내 요지는 바울에 대한 유대인 (학
자들)의 비판들을 가리킨다. 그러한 비판들은 바울과 그의 상황에
대한 개신교인들의 오독에 근거한다. (2) Räisänen의 비난과는 달리
(*NTS*, 544 = *TC*, 170), 나는 Sanders가 할례, 안식일, 그리고 음식에
대한 율법의 중요성을 제대로 인식하고 있음을 언급했다("바울에
관한 새 관점"의 각주 46을 보라).

구분하려는 시도는 그다지 설득력이 없다. 물론 δικαιοσύνη, δικαοσύνη θεοῦ, 그리고 δικαιοῦσθαι라는 용어들은 각기 다른 기능을 지녔고 지시하는 의미의 영역도 서로 다르다. 하지만 이러한 기능들과 의미의 영역은 중첩되기도 한다. 특히, 로마서 3:21-24에 분명히 나타나듯이 '의롭게 만드는'〔make righteous〕 주체는 '하나님의 의'〔the righteousness of God〕이다〔옮긴이의 일러두기 제4항 참고〕. 또한 로마서 4:2-3, 5과 갈라디아서 3:6, 8 및 5:4-5에 분명히 나와 있듯이 '의'〔δικαιοσύνη〕는 하나님께서 의롭게 하시는 행위〔δικαιοῦσθαι〕에 의한 결과이다. 내가 말하려는 요점은, 이 같은 중첩의 정도〔degree〕가 δικαιοσύνη θεοῦ와 δικαιοῦσθαι이 지시하는 의미를 날카롭게 이분화 하는 것—이러한 이분법적 구분에서는 δικαιοῦσθαι 동사를 "옮겨감에 관한 용어"로 한정한다—을 방지해 준다는 것이다.

(a) '의'는 회심 때 ("옮겨감"을 통해) 부여되는 신분일 뿐만 아니라, 지속되는 신분, 〔새〕 생명 안에서의 관계(롬 5:21에서 말하듯이), 그리고 전체 과정의 마지막 단계를 가리키는 데 사용될 수 있다(롬 6:16; 갈 5:5). 따라서 '하나님의 의'는 세상으로 표출되는 은혜의 능력으로 이해될 수 있다. 이러한 은혜는 단지 단번에 완전한 "옮겨감"을 만들어 낼 뿐만 아니라 그 '의'를 수여하고, 지탱하며, 최종적으로 확고하게 만든다.

(b) δικαιοῦσθαι 동사는 분명히 여러 구절에서 "옮겨감"을 의미한다. 이러한 뜻으로 쓰인 바울의 용례 중 거의 반이 부정과거나 완료시제이지만, 반 이상은 현재와 미래시제이다. 물론 현재시제가 '무시간적'〔timeless〕현재로 간주될 수도 있겠지만, 미래시제의 대부분은 (심판의 날에 있을) 미래의(최종적인) 칭의를 가리킨다고 보는 것이 가장 낫다(롬 2:1; 3:20; 갈 2:16; 5:4). 더욱이, 로마서 8:30의 부정과거시제는 (회고적으로 볼 때) '부르심을 받음'과 '영화롭게 됨' 사이에 놓여있는 구원 과정 전체를 지시하는 것으로 보인다. 다시 말해, 이러한 부정과거 동사들은 하나님께 처음 받아들여질 때("옮겨짐"의 시점)부터 심판의 자리에서 최종적으로 무죄라고 선언될 때까지의 전체 과정을 아우를 수 있다.[8] 그러므로 갈라디아서 2:17에서도 부정과거시제는 지속적인 목표로서의 칭의를 추구하는 것을 포함한다. 이러한 두 가지(a와 b) 고려사항을 종합하면 "하나님의 의"라는 표현으로 바울이 의미하고자 한 바가 분명해진다. 하나님의 의는 처음부터 끝까지 "구원을 위해"(롬 1:16-17) 효력을 발휘하는 하나님의 은혜의 능력을 의미한다.[9]

---

8. 나의 로마서 주석을 보라. J. D. G. Dunn, *Romans*, WBC 38 (Dallas: Word, 1988), 485.

9. Dunn, *Romans*, 39-42를 보라.

(c) 결정적으로 중요한 사실이 남아있다. 안디옥 사건과 갈라디아서에서 바울이 맞서야 했던 것은, 언약 내의 지위가 "율법의 행위들" 없이는 유지되지 않는다는 주장이었다. 유대인들의 언약신학에서는 "율법의 행위들" 없이 마지막 무죄 선언이 보장되지 않는다. 이와 같은 유대 언약신학을 유대-기독교적으로 절충시킨 견해에 따르면, 언약 내의 지위 유지와 최종 무죄 선언은 "믿음으로 말미암는 칭의"에 달려있는데, 이는 "율법의 행위들"로 완결된다(갈 3:2-5에 나타난 분명한 함의; 참조, 약 2:22-24). 하지만 바울 주장의 요지는 정확히 말해 구원의 지속적인 과정이 구원의 출발점과 전적으로 같은 기반에 근거하고 있다는 것이다. 하나님께서 믿음을 통해 그들을 처음 받아 주셨듯이, 그러한 상태를 계속 유지하는 것(갈 3:2-5)과 최종 심판 때 하나님께 받아들여지는 것(갈 5:5) 역시 믿음을 통해서라는 말이다.[10] 결과적으로 갈라디아서 2:16에 나타나는 여러 시제들은 레이재넨의 견해보다 더욱 풍성한 칭의 신학을 표현한다. 갈라디아서 2:16은 다음과 같이 바꿔 표현할 수 있다. "사람은 예수 그리스도를 믿음으로써 의롭다고 여겨지기 때문에(현재시제는 과정 전체를 표현할 수 있다), 우리도 그리스도 예수를 믿었는데(부정과거 =

---

10. James Dunn, *Jesus, Paul, and the Law: Studies in Mark and Galatians* (Louisville: Westminster/John Knox, 1990), 제9장을 보라.

"옮겨감"), 그것은 율법의 행위들로부터가 아니라 그리스도
에 대한 믿음으로 우리가 의롭다 여겨지기 위해서이다(부정
과거시제는 갈 2:17처럼 전체 과정의 최종점을 가리킬 수 있
다. 핵심은, 칭의가 처음부터 끝까지 믿음에 의해서만 이루어
진다는 것이다)." 왜냐하면 (최종 심판에서 분명해지겠지만)
"어떤 육체도 율법의 행위들에 의해 의롭다 여겨지지 않을
것"이기 때문이다. 이 해석이 레이재넨의 해석보다 더 나아
보인다. 이 동사의 의미를 "옮겨감을 표현하는 용어"로 한정
시키기 위해 레이재넨이 취할 수 있었던 유일한 방법은 "실
상 인간은 두 번〔twice〕 '들어가야'〔enter〕만 한다"—여기에서 먼
저 들어가고 마지막 심판의 때에 또 한 번 들어가야 한다—는
견해를 받아들이는 것이었다.[11] 레이재넨은 이러한 나의 반박
에 수긍하였으며, 나의 논지에 많은 부분 동의하였다. 즉, 갈
라디아서 2:16은 처음 받아들여지는 것만을 다루는 것이 아
니라, '마지막에도 받아들여질 것을 확실하게 하기 위해 무엇
이 필요한가' 하는 질문도 다루고 있다.

(2) 물론 바울은 믿음에 의한 칭의〔justification by faith〕가 아
니라 그리스도를 믿음에 의한 칭의〔justification by faith in Christ〕

---

11. *NTS*, 551 n.31; *TC*, 173 n.2.

를 생각하고 있다. 그리스도를 믿음으로 말미암는 칭의라는 개념은, 달리 말하면, 유대 그리스도인들이 유대교의 선민신학(Jewish election theology)을 다듬은 것이다. 유대교 선민신학의 전제인 하나님의 은혜를 강조하기 위해 나는 유대교의 선민신학을 "믿음에 의한 칭의"(justification by faith)라고 특징 지웠다. 바로 이 유대-기독교적 이해가 다른 유대 그리스도인들과 대화하기에 충분한 공통 기반을 바울에게 제공했으며, 이 공통 기반으로부터 바울은 그의 특유의 강조점을 발전시켰다(갈 2:15-16). 나는 이러한 (바울의 신학적 사고의) 발전이 (랍비) 유대교와 기독교의 분열을 낳았다는 주장을 반박하려는 것이 아니다. 내가 반박하는 견해는, 유대교와 기독교의 분열이 바로 바울의 의도한 바였다는 주장, 그리고 주후 70년 이전의 폭넓은 유대교의 맥락에서 이러한 분열은 필연적이었다는 주장이다. 이 폭넓은 유대교의 흐름 안에서, 언약과 약속에 대한 바울의 해석은 광범위한 선택지들 중에서 유대인(그리고 유대교)이 보기에도 논리적이고 적절한 선택이었다.

(3) 갈라디아서 2:16의 하반절이 시작하는 부분에 분명한 역접 접속사가 없다는 점이 내 주해의 두드러진 약점이라는 비판을 나는 인정한다. 하지만 보다 널리 받아들여지는 주해에도 그 정도나 그보다 훨씬 심각한 약점이 있다. 그 약점은

다음과 같은 질문으로 표현될 수 있다. "유대인인 우리도 알고 있다"(갈 2:15-16)라는 의미가 도대체 무엇인가? '칭의는 예수 그리스도에 대한 믿음으로 말미암는다'는 것을 알고 있다는 것인가? 분명 그렇다! 여기에서 바울이 유대 그리스도인을 염두에 둔 것은 너무나 명백하다. 그가 안디옥에서 베드로를 비난한 것이나 또는 최소한 그러한 상황을 떠올리고 있다는 것은 거의 확실하다.[12] 그러나 문제는 이 같은 〔안디옥의〕 유대인 신자들이 "율법의 행위들"(이 경우에는 유대 음식 규정)을 여전히 준수해야만 한다는 신념을 고수했다는 점이다. 따라서 분명히 그들은 칭의가 율법의 행위들이 아니라 그리스도에 대한 믿음으로 말미암는다는 명제를 사실상 받아들이지 않았던 것이다. 갈라디아서 2:16에서 바울은 이 대립 명제를 '양자택일'〔either-or〕의 형태로 굳히려는 작업을 시도했다(유대 그리스도인들이 주장하는 '둘 다'〔both-and〕라는 이해에 반대하여). 최초의 칭의가 율법의 행위들이 아닌 그리스도에 대한 믿음으로 말미암듯이 이러한 최초의 "옮겨감"을 완성하는 것 역시 최초의 칭의와 일관성이 있어야 한다. 즉, 최종 심판의 근거는 율법의 행위들이 아닌(시 143:2), 그리스도를 믿음으로 말미암는 칭의에 있다. 간단히 말해, 내 주장에 대한 레

---

12. Dunn, *Jesus, Paul, and the Law*, 제6장 각주 117번을 보라.

이재넨의 비판은 갈라디아서 2:16만을 있는 그대로 읽을 경우에는 어느 정도 근거가 있다고 할 수도 있겠으나, 갈라디아서 전체의 맥락을 고려하면 "새 관점" 논문에서 제시한 나의 해석이 갈라디아서 2:16에 나타난 바울의 논리에 더욱 부합한다고 볼 수 있다.[13]

(4) 특히 레이재넨이 "율법에 대한 특정한 태도"를 바울이 공격했다는 주장을 나의 바울 이해의 특징으로 규정지은 것은 마뜩찮다. 비록 내가 레이재넨의 견해와 나의 입장을 구별하는 여러 가능한 방식 중 하나로 그러한 표현을 쓰긴 했지만 말이다. 내가 보기에 훨씬 분명한 것은, 바울이 율법 자체를 비판했다고 기술하는 레이재넨 자신의 바울 이해가 너무나 지나치게 무디다(blunt)는 것이다. 물론 바울은 갈라디아서

---

13. 다음의 연구와 비교하라. J. M. G. Barclay, *Obeying the Truth: A Study of Paul's Ethics in Galatians* (Edinburgh: T&T Clark, 1988) = 『진리에 대한 복종』, 감은사, 2020. 갈 2:16 맨 앞에 있는 δέ에 대한 사본학적 증거는 어느 한 쪽으로 치우쳐 있지 않기 때문에 "어떤 독법을 택하든 그 위에 논증을 쌓아 올리는 것은 어리석은 일이다. 그러나 갈 2:16의 내용(유대인과 이방인 모두 율법의 행위들로써는 의롭다고 여겨질 수 없다)을 볼 때, 우리는 여전히 δέ가 2:15에 나와 있는 전형적인 유대인들의 관점(유대인은 '이방 죄인'들과 구별된 족속이며 이방인들보다 우월하다)을 수정하고 있다고 말할 수 있다"(78 n.9). 또한 이 글의 제9항을 보라.

2:19 같은 곳에서 율법을 비판하는 것으로 보인다. 그러나 바울은 로마서 7:7-25에서 율법을 옹호하고, 로마서 3:31과 8:4, 그리고 갈라디아서 5:14에서 율법을 긍정한다. 바울이 율법을 비판하는 경우에는 보통 비판할 율법의 측면을 더욱 세세하게 묘사한다—"문자"〔letter〕로서의 율법(롬 2:27; 7:6; 고후 3:6), "율법의 행위들"(갈 2:16; 그 외), 죄에게 이용당하는 율법(롬 7:7-14), 하나님의 의가 미치는 범위를 제한하는 것으로 이해된 율법(롬 10:3-4), 이스라엘을 미성숙한 상태로 머무르게 하는 율법(갈 3:23-4:5) 등등. 바울이 율법에 대해 비판할 때, 비판의 대상을 "율법에 대한 태도"라고 기술하는 것이 더 나은지, 아니면 하나님의 백성을 정의하거나 그 백성에 부과된 구체적인 요구("율법의 행위들")와 같이 특정한 방식으로 기능하는 율법이라고 기술하는 것이 더 나은지 따지는 것은 의미론적으로 볼 때 사소한 트집에 불과하다. 나는 레이재넨이 (이 분야의 많은 글들이 그렇듯) 이상에서 열거된 율법에 대한 미묘한 묘사들과 (나의 논고 "율법의 행위들과 율법의 저주[갈 3:10-14]"〔Works of the Law and the Curse of the Law (Gal. 3.10-14)〕에서 다루고 있는) "율법의 사회적 기능" 둘 다를 놓쳤다고 확신한다.[14] 결과적으로 나는 바울의 율법에 관한 언

---

14. Dunn, *Jesus, Paul, and the Law*, 제8장과 그 안에 포함된 Wester-holm의 주장에 대한 추기〔Additional Note〕를 보라.

명들이 샌더스나 레이재넨의 율법 이해보다 훨씬 일관성이 있다고 본다. 게다가 율법과의 단절 또는 유대교와의 단절을 주장하는 것은 정당화하기 어렵다. 예수의 이름으로 세례(침례)를 받는 것이 단지 예수를 믿는 공동체(종파?) 안으로 들어감〔entry〕만을 의미하는 아니라, 유대교로부터 사실상 나옴〔exit〕을 의미한다고 상정하는 것은 유대 그리스도인들과 바울의 자기 이해를 심각할 정도로 잘못 파악한 것이다. '새 언약'은 새로운 종교를 의미하지 않는다. '새 언약'은 제3의 또 다른 올리브 나무가[15] 아니라, 메시아 예수 안에서 옛 언약이 종말론적으로 성취된 것이며, 하나님의 선택하시는 은혜로 재배된 단 하나의 올리브 나무가 충만하게 번성하게 된 것을 말한다(롬 11:16-24).

(5) 나의 "새 관점" 논문에 대한 레이재넨의 날카로운 비판에 더해, 휘브너는 대체적으로 "새 관점"의 내용을 서술하는 데 만족하면서, 불트만〔Bultmann〕과 케제만〔Käsemann〕 같은 학자들의 고전적 해석을 되풀이하는 것에 만족하는 것처럼 보인다. 여기서 고전적 해석이란 하나님 앞에서의 자기 자랑 내지는 자기 칭의〔self-justification〕의 수단으로 왜곡된 율법, 그리

---

15. Räisänen의 주장이다(*NTS*, 549; *TC*, 182).

고 하나님 앞에서 자기 성취를 내세우려는 인간의 노력을 바울이 "율법의 행위들"의 의미로 보았다는 것이다.[16] 휘브너는 이러한 고전적 해석에 대한 "새 관점"의 도전을 제대로 파악하지 못했고 적절히 다루지도 못했다. 내가 "새 관점"을 지속적으로 상세히 설명해왔고, 그 관점의 토대가 얼마나 깊이 바울의 글과 역사적 맥락에 뿌리내리고 있는지를 보여주었기 때문에, 나의 논고 "율법의 행위들과 율법의 저주(갈 3:10-14)" 및 나의 로마서 주석을 참조하는 것으로 충분할 것 같다.[17]

레이재넨과 휘브너와는 대조적으로, 가톨릭계 학자인 K. 케르텔게(Kertelge)는 더욱 긍정적으로 "새 관점" 논문의 기본 논지를 수용했다. 그의 소논문 "갈라디아서에 나타난 율법과 자유"(Gesetz und Freiheit im Galaterbrief)(*NTS* 30 [1984], 382-94)를 보라(특히 391쪽과 각주 24번).

또한 나는 "새 관점" 소논문으로 인해 슈툴마허와 개인적으로 편지를 교환할 기회를 가질 수 있었다(슈툴마허의 편지

---

16. Hübner, "Was heisst bei Paulus 'Werke des Gesetzes'?", 131-132. 또한 다음의 연구도 참고하라. R. Yates, "Saint Paul nd the Law in Galatians", *ITQ* 51 (1985), 105-124 (Dunn, *Jesus, Paul, and the Law*, 107).

17. 나의 로마서 주석의 색인에서 'Boasting', 'Works of Law' 항목을 찾아서 주석의 해당 부분을 찾아보라.

는 1983년 9월 24일, 나의 답신은 1983년 10월 3일). 그 때 짐작컨대 슈툴마허는 샌더스와 레이재넌에게 대응하는 글을 쓰고 있었던 것 같다.[18] 나의 "새 관점" 소논문에서 주요 논쟁 파트너였던 샌더스와도 편지를 주고받았다(샌더스의 편지는 1984년 9월 12일, 나의 답신은 1984년 10월 1일).

슈툴마허와의 서신 교환은 몇몇 지점을 명료하게 해주었다. 그는 두 가지 측면을 반박했다. (6) "율법의 행위들"은 로마서 2:17 이하 및 3:9-10에서 볼 수 있듯이 할례, 음식 규정, 안식일 준수로 축소시킬 수 없다. (7) 빌립보서 3:4-11은 칭의라는 이슈가 바울의 소명만큼이나 오래되었다는 점을 보여준다. 단지 안디옥 논쟁으로부터가 아니라, 바로 여기[소명]에서부터 그의 '가르침'[이신칭의 교리]이 결정된 것으로 보아야 한다.

(6) 슈툴마허의 첫 번째 주장에 대해, 나는 바울의 비판이 할례, 음식 규정, 안식일에 대한 문제로 축소될 수 없다는 견해에 전적으로 동의한다. 그리고 "새 관점"이라는 글에서 내가 제시한 주요 쟁점의 다듬어진 표현이 마치 "율법의 행위들"에 대한 바울의 견해 전부인 것처럼 읽혀질 수도 있다는

---

18. Stuhlmacher, "Paul's Understanding of the Law in the Letter to the Romans", *SEA* 50 (1985), 87-104로 출간되었다.

비판을 나는 전적으로 받아들인다. 이것이 내가 나의 논고 "율법의 행위들과 율법의 저주(갈 3:10-14)"에서 이 주제로 돌아온 이유 중 하나이다. 그 글에서 나는 율법이 지나치게 밀접하게 이스라엘과 연관되었다고 주장했다. 즉, 율법은 이스라엘을 두드러지게 만드는 동시에 이스라엘을 다른 민족들로부터 구분함으로써, 이방인을 정의상〔by definition〕 "율법 바깥〔outside the law〕에 있는 자들", 즉 '죄인' = 범법자〔outlaws〕로 간주하는 결과를 낳게 되었다. "율법 안에" 있는 사람들에게 "율법의 행위들"은 율법이 요구하는 바를 가리킨다. "율법 안에"라는 문구와 "율법의 행위들"이라는 문구는 서로 같은 의미를 표현한다. "율법의 행위들"은 샌더스가 말한 "언약적 율법주의"이다. 그러나 이스라엘은 역사 속에서 자신들을 다른 민족들과 분리시키는 경계선으로서 율법의 기능을 강화시켰다. 특히 마카비 시대의 위기상황에서는 운명을 좌우할만큼 중요한 두세 가지의 쟁점, 특히 할례와 음식 규정과 경계선을 긋는 율법의 기능에 초점을 맞췄다. (할례와 음식 규정처럼 경계선의 표지로 간주되었던) 율법의 준수는 바울이 살던 시대에도 똑같은 이유로 중요했다. 간단히 말해, 바로 이것이 갈라디아서에서 바울이 "율법의 행위들"에 대해 말할 때 할례와 음식 규정이 그토록 부각된 이유다—오직 할례와 음식 규정들만이 율법이 요구하는 "행위들"이어서가 아니라, 할례와 음식 규정 준수가 언약에 대한 충성과 하나님으로부터 선택된 백성으로서의 유대적 정체성 유지를 판별하는 결정적 사례들이기 때문이다.

(7) 두 번째 비판은 사실 나의 연구 "안디옥 사건"〔The Incident at Antioch〕에 대해 홀든〔Houlden〕이 제기한 비판과 같기 때문에, 나는 그냥 "안디옥 사건" 논고에 대한 추기〔Additional Note: *Jesus, Paul, and the Law* 제6장에 수록〕의 제1항을 참조하라고 말하고 싶다. 바울이 얻게 된 통찰의 기원은 다메섹 도상에서 일어난 회심 사건으로 거슬러 올라갈 수 있겠지만, 예루살렘에서의 할례 논쟁과 안디옥에서 일어난 음식 규정 논쟁이 바울로 하여금 그가 받은 최초의 계시의 온전한 의미와 (오직!) 믿음으로 말미암는 칭의에 대한 합의의 중요성을 깨닫게 했다고 나는 생각한다.

(8) 샌더스와 교환한 편지들은 짧지 않았는데, 우리 둘이 동의하는 점과 동의하지 못하는 부분이 무엇인지 명료하게 하는 데에 도움을 주었다. 나는 "바울에 관한 새 관점"에서 샌더스에게 얼마나 큰 빚을 졌는지에 대해 충분히 분명하게 인정했기를 소망한다. "새 관점"의 수립은 샌더스 덕분에 가

능했다. 나는 그에게 진 빚을 명시하려 노력했고[19] 그의 견해
에 동의하는 예들을 더 언급할 수도 있었을 것이다. 더욱이,
"새 관점" 논문의 처음 원고 각주 46번에서 샌더스가 ("새 관
점"의 핵심) 요지를 단지 "언뜻 보았을" 뿐이라고 내가 말했
던 것은 공정하지 못했다. 그래서 "새 관점" 논문이 책으로
엮여 출간될 때에 이를 수정했다. 우리 둘이 어느 정도까지
동의하는가에 대해 살펴보려면, 동의의 '이유'를 이해하고 우
리가 동의하지 않는 것이 '무엇'인지를 명료하게 하는 것이
중요할 것 같다. 샌더스와의 편지(1984년 10월 1일)에서 나는
그에게 동의하지 않는 주요 이유 두 가지를 제시했다.

(a) 그의 초기 책(『바울과 팔레스타인 유대교』)에서 샌더스는 바
울의 기독교와 유대교를 두 개의 서로 다른 "체계"로 제시했
다.[20] 아마도 이러한 관점이 샌더스로 하여금 바울의 '개종'을
〔체계의〕 "옮김"〔transfer〕—율법과의 완전한 단절과 율법에 대한
거부를 포함한—으로 해석하게끔 영향을 준 것 같다.[21] 하지
만, 내가 보기에 그 단절은 샌더스의 주장과는 달리 그리 급
진적이지 않았다. 바울은 샌더스의 생각과는 달리 1세기 유대

---

19. *BJRL*, 97-100, 102, n.46 = Dunn, *Jesus, Paul, and the Law*, ch. 7,
    184-86, 187-88, n.46.

20. Sanders, *Paul and Palestinian Judaism* (London: SCM, 1977), 550-
    52.

21. Dunn, *Jesus, Paul, and the Law*, 4, 25.

교에서 크게 벗어나지 않았다. 예를 들어, "이스라엘의 실패
는 그들이 율법을 정확한 방법으로 지키지 않았다는 데 있는
것이 아니라, 그들이 그리스도에 대한 믿음을 가지지 않았다
는 데에 있다"라는[22] 샌더스의 주장에 나는 동의하기 어렵다.
바울은 그의 동료 유대인들이 "바른 방식으로 율법에 순종하
지 않았다"라고 비판했기 때문이다(롬 3:27, 31; 9:30-32; 갈
3:10-11). 나는 또한 바울이 "하나님의 선택과 율법을 … 내
버리고, 부인했다"는[23] 주장에 동의하지 않는다. 이는 (샌더스
가 사용한 용어인) 배타주의자〔particularist〕와 (나의 표현인) 민
족주의자〔nationalist〕라는 용어를 남용한 것이며 오해한 것이
다.[24] 이 모든 경우에 있어서 나는 '율법의 행위들'과 '율법'을
구별하는 것이 중요하다고 주장하고 싶다. 왜냐하면 "율법의
행위들"은 하나님의 백성을 정의하는 정체성과 경계선을 나
타내는 표지로 율법을 간주하는 방식을 가리키고 있기 때문
이다. 바울은 바로 이러한 기능을 하는 "율법의 행위들"을 반
대했다. 그러나 율법의 행위들이란 율법 자체가 아닌 특별한
〔different〕 관점 및 특별한 조건에 따른 율법을 의미한다. 나는
이미 이 점을 레이재넨의 비판에 대답하면서 충분히 말했다

---

22. Dunn, *Jesus, Paul, and the Law*, 37.

23. Dunn, *Jesus, Paul, and the Law*, 78.

24. "The New Perspective on Paul" 각주 47번을 보라.

(본서의 추기 제4항을 보라).

(b) 근본적인 차원에서 바울이 유대교/율법과 정반대의 위치에 서 있다고 바라본 실수는 "들어감"(getting in)과 "머무름"(staying in)을 구분함으로써 더욱 악화되었다. 갈라디아서의 논쟁은 "머무름"(staying in)과 날카롭게 구분되는 의미로서의 "들어감"(entry)이라는 범주 아래 포함시킬 수 없다.[25] 샌더스는 "'율법의 행위로써가 아니다'는 바울의 진술은 그리스도의 몸으로 들어감(entry: 최초 칭의를 의미한다-역주)과 관련이 있다"라고 주장하는데, 이는 나와 샌더스가 명확하게 갈리는 지점이다.[26] "율법의 행위"는 훌륭한 유대인이 이스라엘의 특권으로 주어진 언약에 대한 그의 충성심을 구현하기 위한 행동이었으며, 안디옥 사건이 보여주듯이 들어감(entry)의 조건은 단지 율법을 일부 시행하는 것이었다. 샌더스는 바울의 유대교 비판 대부분이 지나치게 들어감(entry)의 문제에 초점이 맞춰져 있다고 보았는데, 이로 인해 샌더스가 그린 바울은 샌더스 자신이 재구성한 팔레스타인 유대교를 제대로 다루고 있지 못하는 것처럼 보인다.

(c) 내가 보기에 이렇게 이중으로 잘못 구분한 것(유대교

---

25. R. H. Gundry가 제대로 된 비판을 했다. Gundry, "Grace, Works, and Staying Saved in Paul", *Bib* 66 (1985), 8-12.

26. Dunn, *Jesus, Paul, and the Law*, 105.

와 기독교를 두 개의 완전히 다른 "시스템"으로 간주; "들어 감"과 "머무름"에 대한 구분)이 샌더스로 하여금 바울의 관점이 전적으로 논리적이지 않고, 비일관적이며, 조화롭지 않다고 잘못된 비판을 하게 만들었다.[27] 바울에게서 보이는 어색함은 샌더스의 구분에서 비롯한 것이다. 특히, 샌더스는 율법에 대한 바울의 부정적 언급을 "들어감"에 대한 문제에 한정시키고 긍정적인 언급은 "머무름"에 관한 이슈로 한정시킴으로써, 율법에 대한 바울의 부정적인 언급과 긍정적 언급 사이의 긴장을 해소하려 노력했다.[28] 다른 말로 표현하자면, 샌더스가 바울에게서 찾아낸 비논리성은 샌더스 자신이 만들어 낸 것이며 후자의 구분〔들어감과 머무름〕을 억지로 밀어붙인 결과이다. 바울의 가르침이 이러한 구분에 딱 들어맞지 않기 때문에 바울이 비일관적으로 보이는 것이다. 율법에 대한 바울의 부정적인 태도는 두 가지 측면(들어감과 머무름)을 모두 아우르기에, 긍정적인 진술들을 "머무름"에 대한 것으로 제한할 수 없다. 반면 "율법의 행위들"에 대한 나의 논지는 바울의 비판이 주로 율법을 존중하는 방식을 대상으로 했다는 점을 분명하게 밝혔으며, 로마서 2장에 나타난 율법에 대한 긍정적 언급이 특히 율법에 대한 잘못된 태도에 정면으로 반대되는 지

27. Dunn, *Jesus, Paul, and the Law*, 4, 77, 86, 122.

28. Dunn, *Jesus, Paul, and the Law*, 84.

점에 서있다고 나는 인정하는 바이다.[29]

내가 샌더스의 논지를 비평적 평가 없이 그대로 받아들였다고 휘브너와 슈툴마허가 비판했기 때문에 이러한 부연 설명이 그들에게도 도움이 되기를 바란다.

F.F. 브루스(Bruce)는 "바울과 율법에 관한 최근 연구"(Paul and the law in recent research)(*Law and Religion*, ed. B. Lindars [Cambridge: James Clarke, 1988], 124-25)에서 두 가지 점을 지적하며 나를 비판했다. (9) 브루스는 나의 갈라디아서 2:16 주해에 문제가 있다고 지적하였다. "이 구절(갈 2:16)의 구조에서 ἐὰν μή를 '-를 배제한/제외한'(except)이라고 번역하는 것("사람이 예수 그리스도에 대한 믿음을 배제한 율법의 행위들로는 의롭다 칭함을 받지 못한다")은 내가 보기에 그리스어 관용어법에 정면으로 배치된다'(125). (10) "갈라디아서 전반에 걸쳐 나오는 바울의 논증은 쟁점이 단지 정체성의 표지에 국한되어 있지 않다는 것을 보여준다. 바울 자신에게 있어 정체성의 표지들은 필수적인 것이 아니었다. … 그러나 만일 이방인 회심자들이 유대인의 정체성 표지들을 받아들인다면, 그것은 구원의 문제에 있어 율법이나 율법 준수에 어떤 자리를 내어 주는 것과 같다. 하지만 바울은 이를 값없이 주신 은혜의 복음을 전

---

29. 나의 로마서 주석에서 로마서 2장을 다룬 부분과 서론의 7-8쪽을 보라.

복시키는 것으로 보았다"(125).

(9) 나는 문법 학자들이 이 문구에 있는 ἐὰν μή를 역접이
아닌 제외의 의미로 보는 것에 대체로 동의할 것이라고 생
각한다.[30] 물튼(Moulton)과 하워드(Howard)가 εἰ μή와 ἐὰν μή가
ἀλλά(역접접속사)와 동일한 기능을 한다는 것을 보여 주는 수많
은 예를 보여주었던 것은 사실이다.[31] 하지만 호트(Hort)가 이
미 지적했듯이 그러한 경우에는 단순히 "그러나"(but)가 아니
라 but only(but only는 "배제한"(execpt)과 유사한 뉘앙스를 가지고 있다-
역주)의 의미를 지닌다.[32] 그러므로 요점은, 배제의 정확한 뉘
앙스에 대해서 어느 정도 모호함—갈라디아서 1:19의 εἰ μή
역시 그러한 것처럼—이 있다는 것이다. 이때 배제의 대상(믿
음)은 분명 주동사인 οὐ δικαιοῦται의 조건을 한정하고 있다.
즉, 바울 및 유대 그리스도인들은 모두 예수 그리스도를 믿
는 믿음이 아니라면 무죄선고를 받을 수 없다는 것에 동의하
고 있다는 말이다. 여기에서 모호한 점은 ἐξ ἔργων νόμου와 ἐὰ

---

30. E. D. Burton, *Galatians*, ICC (Edinburgh: T.&T. Clark, 1921) 121;
    BADG, ἐάν 3b.

31. J. H. Moulton and W. F. Howard, *A Grammar of New Testament
    Greek*, Vol. 2 (Edinburgh: T.&T. Clark, 1929), 468.

32. F. J. A. Hort, *The Epistle of St James* (London: Macmillan, 1909),
    xvi.

ν μή 절 사이의 관계인데 다음과 같이 〔ἐὰν μή 절이 ἐξ ἔργων νόμου 를 수식하는 것으로〕 읽어야 한다. 곧, "사람이 오직 예수 그리스 도에 대한 믿음을 통해서 (의롭다 여겨지는 것) 없이〔but only: but은 일종의 유사관계대명사로 앞의 선행사인 ἐξ ἔργων νόμου(율법의 행위 들로)를 수식해 주고 있다-편주〕 율법의 행위들로 의롭다 여겨지는 것이 아니다." 안디옥 사건이 보여주듯이 유대 그리스도인들 은 "율법의 행위들"이 예수 그리스도에 대한 믿음의 필수적 인 표현은 아니더라도, 최소한 유대 그리스도인들에게는 적 절한 행동이라고 믿었던 것이다. 하지만 바울은 (이제) 이렇 게 애매한 것〔필수적인 것은 아니더라도 적절한 행동이라고 믿은 것〕을 분명하게 대조시켜 드러낼 필요를 느꼈던 것이다.[33]

(10) 이제 레이재넨의 비판에 대답하면서 이미 다루었던 이슈들로 돌아가 보자(본서 추기 제4항). 레이재넨과 마찬가 지로 브루스도 바울이 '구원의 문제에 있어서' 율법이 긍정 적인 역할을 하고 있다는 것을 무시한 것 같다. 그렇다면 대 체 어떻게 로마서 2:13-16과 8:4를 이해할 수 있다는 말인가? 물론 바울이 값없이 주시는 은혜의 복음을 지키고 전하려 했 다는 브루스의 주장은 옳다. 하지만 바울에게 있어서 복음을

---

33. 또한 Räisänen에 응수하는 이상의 제2항과 제3항을 보라.

위협했던 것은, 단순히 율법 준수 자체가 아니라, 이방인들이 〔유대인이 될 필요 없이〕 이방인으로서 구원을 경험하지 못하게 만드는 율법 준수였다. 즉, 언약백성을 위해 세워진 "율법의 행위들"을 시행하는 사람만이 언약의 약속들에 참여할 수 있다는 유대 그리스도인들의 주장이 복음을 위협했던 것이다. 바울에게 있어, '믿음의 순종'은 그렇게 제한적으로 정의될 수 없다.

(11) 가장 최근에 T.R. 슈라이너〔Schreiner〕는 "바울에게 있어서 율법의 성취와 폐지"〔The Abolition and Fulfilment of the Law in Paul〕(*JSNT* 35 [1989], 47-74)에서 슈툴마허와 유사한 비판을 제기했다. "'율법의 행위들'의 의미를 정체성의 표지들(할례, 음식 규정, 절기의 준수)로 국한하려는 던의 시도는 성공을 거두지 못했다."[34] 이 "율법의 행위들"에 관한 문제는 이상에서 슈툴마허의 비판에 답하면서 다루었고, 나의 논고 "율법의 행위들과 율법의 저주(갈 3:10-14)"에서 더욱 충분하게 다

---

34. T. R. Schreiner, "The Abolition and Fulfilment of the Law in Paul", *JSNT* 35 (1989), 71 n.46. 특히, D. J. Moo, "'Law', 'Works of the Law', and Legalism in Paul", *WTJ* 45 (1983), 90-99와 위에서 다룬 레이재넌의 소논문을 언급하고 있다. F. Watson, *Paul, Judaism and the Gentiles. A Sociological Approach*, SNTSMS 56 (Cambridge University, 1986), 198, n.70에서도 비슷한 비판을 하고 있다.

루었다.[35] 다소 놀라운 점은 슈라이너의 비판(웨스터홈〔Wester-
holm〕의 비판과 마찬가지로, 237-40)이 주로 나의 초기 연구
인 "바울에 관한 새 관점"에 들어 있는 다소 덜 다듬어진 표
현들을 겨냥하고 있다는 것이다. 또한 슈라이너는 자신의 소
논문 각주 46번에서 (웨스터홈과 마찬가지로) 나의 논고 "율
법의 행위들과 율법의 저주(갈 3:10-14)"를 인용하면서도, 그
글에서 내가 보다 신중하게 다듬은 논지를 제대로 다루지 않
았다. 슈라이너는 (웨스터홈과는 달리) 바울의 율법 비판이
겨냥하는 지점, 즉 율법의 사회적 기능에 대한 나의 논지를
받아 들였기 때문에 더욱 놀랍다. 바울이 특정하게 배척한 율
법들은 정확히 말해 그리스-로마 세계에서 이방인들로부터
유대인들을 분리시키는 행동들로서, 모세언약을 가진 유대인
들에게만 규정되는 율법의 행위들을 가리킨다. "이 언약의 본
질은 유대인들을 이방인들로부터 분리시키는 것이고, 그러므
로 언약은 본질적으로 민족주의적이다"(56-58). 그러나 슈라
이너는 이 이슈를 도덕 규율과 제의 규율 사이의 차이에 관한
것으로(59 이하)로 축소시키면서 이 같은 통찰을 손상시켰
다. 이렇게 함으로써 그는 혼란에 빠지게 되었다. 나는 이미
"바울에 관한 새 관점" 논고에서 이러한 혼란에 대해 경고한

---

35. Westerholm에 대한 추기를 포함해서. 또한 나의 로마서 주석 153-
   55쪽을 보라.

바 있다(본서, 67-73). 바울이 율법을 비판함으로써 실제로 그러한 구분이 생겨나기는 했지만, 그러한 사실이 바울의 율법 비판을 율법의 구분(도덕규율과 제의규율 사이의 구분)에 관한 이슈로 축소시킬 수 있는 정당한 근거가 될 수는 없다. 내가 "율법의 행위들과 율법의 저주(갈 3:10-14)"(*Jesus, Paul, and the Law*, 216-17 = *NTS*, 524)에서 관찰했듯이, 사회적 정체성은 상당 부분 제의 안에서, 또한 제의를 통해서 규정되고 표현되기에 바울의 율법 비판이 제의규율과 관련하여 나타나는 것뿐이다. 바울이 반대했던 것은 제의규율이 아니라, 특정 제의들을 고수하고 있는 배타주의자들의 태도였다. 곧, 제의규율 자체가 아닌 제의 이면에 있는 태도—율법 행위를 자랑하는—말이다(롬 2:17-23; 3:27 이하). 실제로 바울은 외적 증표인 할례를 행한 유대인들에게만 하나님의 은혜를 한정하거나(롬 2:25-29) 할례를 "자랑"의 근거로 삼는 경우(갈 6:13) 외에는 할례를 비판하지 않았다.[36]

---

36. Barclay의 논지에 대체로 동의함에도 불구하고, 이 점에서 그는 바울의 비판이 지닌 사회적 측면을 놓치고 있다—"그들은 여러분이 할례받기를 바라는데 이는 그들이 여러분의 육체에 대해 자랑하려는 목적을 위해서이다"(6:13, 고딕은 나의 강조). 달리 표현하자면, 바울이 그들을 비판한 이유는 자기-영광(self-glorification) 추구 때문이 아니라(Barclay, *Obeying the Truth*, 65), 민족적 위대함, 즉 할례가 갈라디아인들을 완전히 육체적으로 이스라엘 백성과 같음을 표시하

는 것이기 때문이다. 나의 로마서 주석 124-25쪽(롬 2:28-29)과 비교하라.